牟宗三著

中國哲學的特質

臺灣學生書局印行

「中國哲學的特質」再版自序

此小冊便于初學，但因是簡述，又因順記錄文略加修改而成，故不能期其嚴格與精密。倘有不盡不諦或疏闊處，尤其關于論孟與中庸易傳之關係處倘有此病，則請以「心體與性體」之綜論部爲準，以求諦當，勿以此而生誤解也。

此講辭以儒家爲主，蓋以其爲主流故也。若通過「才性與玄理」、「心體與性體」、「佛性與般若」，再加以綜括之簡述，則當更能盡「中國哲學的特質」一題名之實，而凡所述者亦當更能較精當而切要。惟如此之簡述，內容雖可較豐富，然與西方哲學相對較以顯特質，即使不加上道家與佛教，亦無本質的影響也。故此小冊題名曰「中國哲學的特質」，縱使內容只限于儒家，亦無過。

中華民國六十三年八月　**牟宗三**　序於香港

小序

本講演是香港大學校外課程部所規定的題目。約定十二次講完，每次一小時。在這十二次裏，想把中國哲學的特質介紹給社會上公餘之暇的好學之士，當然是不很容易的。如果是輕鬆地泛泛地講述，那當然比較具體一點，聽起來也比較有興趣。但這樣恐怕不會有眞正的了解，也不是這個倒塌的時代講中國學問之所宜。因此，我採取了直接就中國學問本身來講述的辦法。這也許聽起來比較艱難一點。但若因此而稍能把握一點中國學問之內在本質，或即不能把握，而艱難之感中，引起對於中國學問之正視與敬意，這也並非無益處。

中國哲學包含很廣。大體說來，是以儒釋道三教爲中心。但我這裡是以中國土生的主流——儒家思想，爲講述的對象。其餘皆無暇涉及。

本講演並無底稿。在講述時，託王煜同學筆錄。口講與自己撰文不同，而筆錄與講述之間亦不能說無距離。如果我自己正式撰文，也許比較嚴整而詳盡。但有這個時間限制的機會，也可以逼迫我作一個疏略而扼要的陳述。這也自有其好處。而王君的記錄也自有其筆致。換一枝筆來表達，也自有其新鮮處。順其筆致而加以修改，也覺得與我的原意並不太差。緊嚴有緊嚴的好處，疏朗有疏朗的好處。是在讀者藉此深造而自得之。

中國哲學的特質 目錄

第一講　引論：中國有沒有哲學？

中西哲學，由於民族氣質，地理環境，與社會形態的不同，自始即已採取不同的方向。經過後來各自的發展，顯然亦各有其不同的勝場。但是中國本無「哲學」一詞。「哲學」一詞源自希臘。這是大家所熟知的。我們現在把它當作一通名使用。若把這源自希臘的「哲學」一名和西方哲學的內容合在一起，把它們同一化，你可以說中國根本沒有哲學。這個時代本是西方文化當令的時代，人們皆一切以西方爲標準。這不但西方人自視是如此，民國以來，中國的知識分子一般說來，亦無不如此。所以有全盤西化之說。中國以往沒有產生出科學，也沒有開出民主政治。這是不待言的。說宗教，以基督教爲準，中國的儒釋道根本沒有地位。說哲學，中國沒有西方式的哲學，所以人們也就認爲中國根本沒有哲學。這樣看來，中國文化當眞是一無所有了。構成一個文化的重要成分、基本成分，中國皆無有，那裡還能說文化？其實何嘗是如此？說中國以往沒有開發出科學與民主政治，那是事實。說宗教與哲學等一起皆沒有，那根本是霸道與無知。人不可以如此勢利。這裡當該有個分別。西方人無分別，還可說。中國人自己也無分別，那就太無出息了。

五四前後，講中國思想的，看中了墨子，想在墨子裡翻筋斗。其他皆不能講。既無興趣，也無了解。原來中國學術思想中，合乎西方哲學系統的微乎其微。當時人心目中認爲只有墨子較爲接近美國的實驗主義。實則墨學的眞精神，彼等亦不能了了。彼等又大講墨辯。蓋因此篇實含有一點粗淺的物理學的知識，又含有一點名學與知識論。雖然這些理論都極爲粗淺，而又語焉不詳，不甚可解，但在先秦諸子思想中，單單這些已經足夠吸引那些淺嘗西方科學哲學的中國學者。因此，研究墨子，其實是墨辯，一時蔚爲風氣。鑽研於單詞碎義之中，校正訓詁，轉相比附。實則從這裏並發現不出眞正科學的精神與邏輯的規模。而那些鑽研的人對於邏輯與西方哲學，也並無所知，連入門都不可得，更不用說登堂入室了。捨本逐末，以求附會其所淺嘗的那點西方哲學，而於中國學術之主流，則反茫然不解。

後來馮友蘭寫了一部「中國哲學史」，彼在自序裡自詡其中之主要觀點是正統派的。可是馮書之觀點實在不足以言正統派。馮書附有陳寅恪和金岳霖二先生的審查報告。其中陳氏多讚美之語，如說馮書「能矯附會之惡習，而具了解之同情」。此實亦只貌似如此，何嘗眞是如此？陳氏是史學家，對於中國思想根本未曾深入，其觀馮書自不能有中肯之判斷。至於金岳霖先生，他是我國第一個比較能精通西方邏輯的學者，對於西方哲學知識論的訓練也並不十分外行。他看出馮書「討論易經比較辭簡，而討論惠施與公孫龍比較的辭長。對於其他的思想，或者依個人的意見，遂致無形地發生長短輕重的情形亦未可知」。金氏雖知馮氏之思想傾向於西方的新實在論，但是力言馮氏並未以實在主義的觀點批評中國思想。這雖在馮書第一篇容或如此，但在第二篇就不見得如此。馮氏以新實在論的思想解析朱子，當然是錯的。以此成見爲準，於述及別的思想，如陸、王，字裏行間當然完全不相干，而且時露貶辭。這即表示其對於宋明儒者的問題根本不能入。對於佛學尤其外行。此皆爲金氏所不及知。金氏早聲明他對於中國哲學是外行。我們自不怪他。

同時馮書另一致命缺點，那就是分期的問題。馮書分二篇。首篇名爲「子學時代」，自孔子以前直至秦漢之際，類似西方古希臘時代。次篇名爲「經學時代」，由漢初至清末民初之廖季平，這又類似西方的中紀。但並無近代。馮氏以西方哲學之分期方式套在中國哲學上，顯爲大謬。至於馮書特別提出並且注重名學，對墨辯、荀子正名篇，以及惠施、公孫龍等的名學所作的疏解，當然並非無價值。而且對中國名學之特別重視，彷彿提供了研究中國哲學一條可尋的線索。可惜先秦的名學只是曇花一現，日後並未發展成嚴整的邏輯與科學方法。所以名學不是中國哲學的重點，當然不可從此來了解中國之傳統思想。故馮氏不但未曾探得驪珠，而且其言十九與中國傳統學術不相應。

中國學術思想既鮮與西方相合，自不能以西方哲學爲標準來定取捨。若以邏輯與知識論的觀點看中國哲學，那麼中國哲學根本沒有這些，至少可以說貧乏極了。若以此斷定中國沒有哲學，那是自己太狹陋。中國有沒有哲學，這問題甚易澄清。什麼是哲學？凡是對人性的活動所及，以理智及觀念加以反省說明的，便是哲學。中國有數千年的文化史，當然有悠長的人性活動與創造，亦有理智及觀念的反省說明，豈可說沒有哲學？任何一個文化體系，都有它的哲學。否則，它便不成其爲文化體系。因此，如果承認中國的文化體系，自然也承認了中國的哲學。問題是在東西哲學具有不同的方向和形態。說中國沒有「希臘傳統」的哲學，沒有某種內容形態的哲學，是可以的。說中國沒有哲學，便是荒唐了。西方的哲學工作者，歷來均有無視東方哲學的惡習，所以他們的作品雖以哲學史爲名，而其中竟無隻字提及東方的哲學。如此更易引起一般人的誤會，以爲東方哲學無甚可觀，甚至以爲東方全無哲學。哲學就等於西方哲學，哲學盡於西方。二次大戰前後，羅素始一改西方哲學史作者的傳統態度，名其書爲「西方哲學史」。本「不知蓋闕」的態度，不講東方，但無形中已承認了東方哲學的存在。羅素又著「西方之智慧」（Wisdom of the West），不名爲人類之智慧，特標「西方」二字，亦可見他對東方並未忽視。時至今日，東西方都應互相尊重平視，藉以調整、充實、並滋潤其文化生命。否則無以克共禍之魔難。西方人若仍固步自封，妄自尊大，那也只是迷戀其殖民主義惡習之反映。中國人少數不肖之徒，若再抵死糟蹋自己，不自愛重，那只可說是其買辦之奴性已成，自甘卑賤，這只是中國之敗類。

中國既然確有哲學，那麼它的形態與特質怎樣？用一句最具概括性的話來說，就是中國哲學特重「主體性」（Subjectivity）與「內在道德性」（Inner-morality）。中國思想的三大主流，即儒釋道三教，都重主體性，然而只有儒思想這主流中的主流，把主體性復加以特殊的規定，而成爲「內在道德性」，即成爲道德的主體性。西方哲學剛剛相反，不重主體性，而重客體性。它大體是以「知識」爲中心而展開的。它有很好的邏輯，有反省知識的知識論，有客觀的、分解的本體論與宇宙論；它有很好的邏輯思辨與工巧的架構。但是它沒有好的人生哲學。西方人對於人生的靈感來自文學、藝術、音樂，最後是宗教。但是他們的哲學卻很少就文學、藝術、音樂而說話。他們的哲學史中並沒有一章講耶穌。宗教是宗教，並不是哲學。宗教中有神學，神學雖與哲學有關，而畢竟仍是神學，而不是哲學的重點與中點。哲學涉及之，是哲學的立場，不是宗教的立場。他們有一個獨立的哲學傳統，與科學有關，而獨立於科學；與宗教、神學有關，而獨立於宗教、神學。而且大體還是環繞科學中心而展開，中點與重點都落在「知識」處，並未落在宗教處，即，並不眞能環繞宗教中心而展開。但是中國哲學卻必開始於儒道兩家。中國哲學史中，必把孔子列爲其中之一章。孔子自不像耶穌式的那種宗教家，亦不類西方哲學中的那種哲學家。你如果說他是蘇格拉底，那當然不對。印度哲學中亦必須把釋迦牟尼佛列爲一章。釋迦亦不類耶穌那種宗教家，亦不像西方哲學中那種哲學家。但是孔子與釋迦，甚至再加上老子，卻都又有高度的人生智慧，給人類決定了一個終極的人生方向，而且將永遠決定著，他們都取得了耶穌在西方世界中的地位之地位。但他們都不像耶教那樣的宗教，亦都不只是宗教。學問亦從他們的教訓，他們所開的人生方向那裡開出。觀念的說明，理智的活動，高度的清明圓融的玄思，亦從他們那裡開出。如果這種觀念的說明，理智的活動，所展開的系統，我們也叫它是哲學，那麼，這種哲學是與孔子、釋迦所開的「教」合一的：成聖成佛的實踐與成聖成佛的學問是合一的。這就是中國式或東方式的哲學。

它沒有西方式的以知識爲中心，以理智遊戲爲一特徵的獨立哲學，也沒有西方式的以神爲中心的啟示宗教。它是以「生命」爲中心，由此展開他們的教訓、智慧、學問、與修行。這是獨立的一套，很難吞沒消解於西方式的獨立哲學中，亦很難吞沒消解於西方式的獨立宗教中。但是它有一種智慧，它可以消融西方式的宗教而不見其有礙，它亦可以消融西方式的哲學而不見其有礙。西方哲學固是起自對於知識與自然之解釋與反省，但解釋與反省的活動豈必限於一定形態與題材耶？哲學豈必爲某一形態與題材所獨佔耶？能活動於知識與自然，豈必不可活動於「生命」耶？以客觀思辨理解的方式去活動固是一形態，然豈不可在當下自我超拔的實踐方式，現在存在主義所說的「存在的」方式下去活動？活動於知識與自然，是不關乎人生的。純以客觀思辨理解的方式去活動，也是不關乎人生的，即存在主義所說的不關心的「非存在的」。以當下自我超拔的實踐方式，「存在的」方式，活動于「生命」，是眞切於人生的。而依孔子與釋迦的教訓，去活動於生命，都是充其極而至大無外的。因此，都是以生命爲中心而可通宗教境界的。但是他們把耶教以神爲中心的，卻消融於這以「生命」爲中心而內外通透了。既能收，亦能放。若必放出去以神爲中心，則亦莫逆於心，相視而笑，而不以爲礙也。衆生根器不一，何能局限於某一定型而必自是而非他？

中國哲學以「生命」爲中心。儒道兩家是中國所固有的。後來加上佛教，亦還是如此。儒釋道三教是講中國哲學所必須首先注意與了解的。二千多年來的發展，中國文化生命的最高層心靈，都是集中在這裡表現。對於這方面沒有興趣，便不必講中國哲學。對於以「生命」爲中心的學問沒有相應的心靈，當然亦不會了解中國哲學。以西方哲學爲標準，來在中國哲學裡選擇合乎西方哲學的題材與問題，那將是很失望的，亦是莫大的愚蠢與最大的不敬。

附識：西方哲學亦很複雜。大體說來，可分爲三大骨幹：一、柏拉圖、亞里士多德爲一骨幹，下賅中世紀的正宗神學。二、來布尼茲、羅素爲一骨幹，旁及經驗主義、實在論等。三、康德、黑格爾爲一骨幹。這三個骨幹當然亦有互相出入處，並不是完全可以截然分得開。如果從其大傳統的理想主義看，雖其活動大體亦自知識中心而展開，然而充其極而成其爲理想主義者，亦必最後以道德宗教爲中心。從柏拉圖、亞里士多德，下及中世紀的聖多瑪，以至近世的康德、黑格爾，與夫眼前海德格（Heidegger）的「存在哲學」，從其最後涉及道德宗教的哲理說，這一傳統是向重「主體性」的主體主義而發展的。現在德國有一位名叫繆勒（Muller）的，他講述海德格的存在哲學，文中即宣稱柏拉圖、亞里士多德，下賅中世紀的聖多瑪，以及近世的康德、黑格爾、（包括費息特、謝林等），都是主體主義。他當然分別開古典的主體主義之處理人生道德問題，與康德、黑格爾的主體主義之處理人生道德問題之不同。他並宣稱他們都不能面對具體存在的人生，在人生方向、道德決斷上，作一個當下存在的決斷。所以他宣稱他們的哲學皆不能適應這個動盪不安、危疑不定的時代。他由此顯出海德格的存在哲學之特色。據我們看，說柏拉圖、亞里士多德，下賅中世紀的聖多瑪等，是主體主義，未免牽強。他們當然涉及主體（靈魂、心等），但是他們並不眞能成爲主體主義。必發展至康德、黑格爾，主體主義始眞能澈底完成。不至主體主義，嚴格講，並不眞能接觸道德宗教的眞理。說康德、黑格爾的主體主義（理想主義）亦不能在人生方向、道德決斷上，作一個當下存在的決斷，在某義上，亦是可以說的。但這並非不可相融。存在主義，自契爾克伽德（Kierkegaard）起，即十分重視主體性，這當然是事實。發展至今日的海德格，雖主重「存在的決斷」，讓人從虛僞掩飾的人生中「站出來」，面對客觀的「實有」站出來，此似向「客觀性」走，（這本亦是承繼契氏而轉出的），然說到家，他並不眞能反對主體主義。在這裡，最成熟的智慧是主觀性與客觀性的統一，是普遍原理（泛立大本）與當下決斷的互相攝契。我看西方哲學在這一方面的活動所成的理想主義的大傳統，最後的圓熟歸宿是向中國的「生命之學問」走。不管它如何搖擺動盪，最後向這裡投注。如果順「知識」中心而展開的知識論，以及由之而展開的外在的、觀解的形上學看，這當然是中國哲學之所無，亦與中國哲學不同其形態。近時中國人只知道一點經驗主義、實在論、唯物論、邏輯分析等類的思想，當然不會了解中西理想主義的大傳統。就是因表面的障礙，不喜歡中國這一套吧，那麼就從西方哲學著手也是好的。對於西方哲學的全部，知道得愈多，愈通透，則對於中國哲學的層面、特性、意義、與價值，也益容易照察得出，而了解其分際。這不是附會。人的智慧，不管從那裡起，只要是眞誠與謙虛，總是在長遠的過程與廣大的層面中開發出的，只要解悟與智慧開發出，一旦觸之，總是沛然也。今人之不解不喜中國哲學，並不表示他們就了解西方哲學。

第二講　中國哲學的重點何以落在主體性與道德性？

希臘最初的哲學家都是自然哲學者，特別著力於宇宙根源的探討，如希臘哲學始祖泰里士（Thales）視水爲萬物根源，安那西明斯（Anaximenes）視一切事物由空氣之凝聚與發散而成，畢達哥拉斯（Pythagoras）歸萬象於抽象的數（數目Number或數量Quantity），德謨克里圖斯（Democritus）則以爲萬物由不可分的原子構成，至庵被多克斯（Empedocles）又主張萬物不外地水風火四元素的聚散離合，安拿沙哥拉斯（Anaxagoras）更謂萬物以無數元素爲種子，並且假定精神的心靈之存在，由此而說明種子之集散離合。以上諸家均重視自然的客觀理解。至希臘第二期的哲學家才開始注重人事方面的問題，如蘇格拉底所言正義、美、善、大等概念，柏拉圖所主的理想國，及亞里士多德倫理學所講的至善、中道（Mean）、公平、道德意志、友誼與道德之類，都是人類本身而非身外的自然問題。然而，他們都以對待自然的方法對待人事，採取邏輯分析的態度，作純粹理智的思辯。把美與善作爲客觀的求眞對象，實與眞正的道德無關。由於他們重分析與思辯，故喜歡對各觀念下定義。如辯不說謊或勇敢即爲正義，由此引申以求正義的定義，顯然這是理智的追求。自蘇格拉底首先肯定(形而上的)理型(Idea)的功用，柏拉圖繼而建立理型的理論(Theory of Idea)，由之以說明客觀知識之可能。並研究理型之離合，由之以說明眞的肯定命題與眞的否定命題之可能。如是遂建立其以理型爲實有的形式體性學。亞里士多德繼之，復講形式與材質的對分，上而完成柏拉圖所開立的宇宙論，下而創立他的邏輯學。他們這種理智思辯的興趣，分解的精神，遂建立了知識論，客觀而積極的形上學——經由客觀分解構造而建立起的形上學。這種形上學、吾名之曰觀解的形上學(Theoretical Metaphysics)，復亦名之曰「實有形態」的形上學(Metaphysics of Being-form)。這是中國思想中所不著重的，因而亦可說是沒有的。即有時亦牽連到這種分解，如順陰陽氣化的宇宙觀，發展到宋儒程朱一系，講太極、理氣，表面上亦似類乎這種形上學，然實則並不類。它的進路或出發點並不是希臘那一套。它不是由知識上的定義入手的。所以它沒有知識論與邏輯。它的著重點是生命與德性。它的出發點或進路是敬天愛民的道德實踐，是踐仁成聖的道德實踐，是由這種實踐注意到「性命天道相貫通」而開出的。

中國的哲人多不著意於理智的思辯，更無對觀念或概念下定義的興趣。希臘哲學是重知解的，中國哲學則是重實踐的。實踐的方式初期主要是在政治上表現善的理想，例如堯、舜、禹、湯、文、武諸哲人，都不是純粹的哲人，而都是兼備聖王與哲人的雙重身份。這些人物都是政治領袖。與希臘哲學傳統中那些哲學家不同。在中國古代，聖和哲兩個觀念是相通的。哲字的原義是明智，明智加以德性化和人格化，便聖了。因此聖哲二字常被連用而成一詞。聖王重理想的實踐，實踐的過程即爲政治的活動。此等活動是由自己出發，而關連著人、事和天三方面。所以政治的成功，取決於主體對外界人、事、天三方面關係的合理與調和；而要達到合理與調和，必須從自己的內省修德作起，即是先要培養德性的主體，故此必說「正德」然後才可說「利用」與「厚生」。中國的聖人，必由德性的實踐，以達政治理想的實踐。

從德性實踐的態度出發，是以自己的生命本身爲對象，絕不是如希臘哲人之以自己生命以外的自然爲對象，因此能對生命完全正視。這裡所說的生命，不是生物學研究的自然生命（Natural Life），而是道德實踐中的生命。在道德的理想主義看來，自然生命或情欲生命只是生命的負面，在正面的精神生命之下，而與動物的生命落在同一層次。老子說：「何謂貴大患若身？吾所以有大患者，為吾有身；及吾無身，吾有何患？」（道德經第十三章）。所謂「有身」的大患，便是植根於自然生命的情欲。耶教所言的原罪、撒旦，佛教所說的業識、無明，均由此出。佛道二家都很重視生命的負面。在他們的心目中，人的生命恆在精神與自然的交引矛盾之中，因此如要做「正德」的修養功夫，必先衝破肉體的藩籬，斫斷一切慾鎖情枷，然後稍稍可免有身的大患，把精神從軀體解放出來，得以上提一層。可見釋、道兩家的正德功夫是談何容易！儒家則與釋、道稍異其趣，他們正視道德人格的生命，使生命「行之乎仁義之塗」，以精神生命的涵養來控制情慾生命，所以儒家的正德功夫說來並不及佛道的困難。另一方面，儒家的正視生命，全在道德的實踐，絲毫不像西洋的英雄主義，只在生命強度的表現，全無道德的意味。譬如周文王的三分天下有其二，便是由於他能積德愛民。為王而能積德愛民，固為生命強度的表現，但其實不只此。因為西方英雄的表現，大都為情欲生命的強度，而中國聖王的表現，是必然兼有而且駕臨於情欲生命強度的道德生命強度。

中國哲學之重道德性是根源于憂患的意識（註）。中國人的憂患意識特別強烈，由此種憂患意識可以產生道德意識。憂患並非如杞人憂天之無聊，更非如患得患失之庸俗。只有小人才會長戚戚，君子永遠是坦蕩蕩的。他所憂的不是財貨權勢的未足，而是德之未修與學之未講。他的憂患，終生無已，而永在坦蕩蕩的胸懷中。文王被囚於羑里而能演易，可見他是多憂患且能憂患的聖王。我們可從易經看出中國古代的憂患意識。繫辭下說：「易之興也，其於中古乎？作易者，其有憂患乎？」又說：「易之興也，其當殷之末世，周之盛德耶？當文王與紂之事耶？」可見作易者很可能生長於一個艱難時世，而在艱難中鎔鑄出極爲強烈的憂患意識。易繫又描述上天之道「顯諸仁，藏諸用，鼓萬物而不與聖人同憂」。這是說天道在萬物的創生化育中、仁中、顯露。（「天地之大德曰生」。仁、生德也。故曰「顯諸仁」。）在能創生化育的大用（Funcion）中潛藏。它鼓舞著萬物的化育，然而它不與聖人同其憂患。（「鼓之舞之以盡神」。神化即天道，自無所謂憂患。）程明道常說的「天地無心而成化」，便是這個道理。上天既無心地成就萬物，它當然沒有聖人的憂患。可是聖人就不能容許自己「無心」。天地雖大，人猶有所憾，可見人生宇宙的確有缺憾。聖人焉得無憂患之心？他所抱憾所擔憂的，不是萬物的不能生育，而是萬物生育之不得其所。這樣的憂患意識，逐漸伸張擴大，最後凝成悲天憫人的觀念。悲憫是理想主義者才有的感情。在理想主義者看來，悲憫本身已具最高的道德價值。天地之大，猶有所憾，對萬物的不得其所，又豈能無動於中，不生悲憫之情呢？儒家由悲憫之情而言積極的、入世的參贊天地的化育。「致中和」就是爲了使「天地位」，使「萬物育」。儒家的悲憫，相當於佛教的大悲心，和耶教的愛，三者同爲一種宇宙的悲情（Cosmic feeling）。然則儒家精神，又與宗教意識何異？

宗教的情緒並非源於憂患意識，而是源於恐怖意識。恐怖（Dread）或怖慄（Tremble）恆爲宗教的起源。近代丹麥哲學家，存在主義的奠基者契爾克伽特（Kierkegaard）曾著「恐怖的概念」（Concept of Dread）一書，對恐怖有精詳的分析，其中特別指出恐怖（Dread）之不同於懼怕（Fear）。懼怕必有所懼的對象，而恐怖則不必有一定的對象，它可以整個宇宙爲對象，甚至超乎一切對象，故人面對蒼茫之宇宙時，恐怖的心理油然而生。宇宙的蒼茫，天災的殘酷，都可引起恐怖的意識。耶教視人皆有原罪，在上帝跟前卑不足道，更視天災爲上帝對人間罪惡的懲罰，帶著原罪的人們在天災之中，只有怖慄地哀求寬恕，故耶教的根源顯爲典型的怖慄意識。至於佛教，其內容眞理（Intensional Truth）的路向，雖同於耶教，同由人生的負面進入，但它異於耶教的，在由苦入而不由罪入。佛教的苦業意識，遠強於恐怖意識，它言人生爲無常，恆在業識中動盪流轉。由此產生了解脫出世的思想。

耶、佛二教從人生負面之罪與苦入，儒家則從人生正面入。它正視主體性與道德性的特色，在憂患意識之與恐怖意識和苦業意識的對照之下，顯得更爲明朗了。

附註：「憂患意識」是友人徐復觀先生所首先提出的一個觀念。請參看他的「周初宗教中人文精神之躍動」一文。見「中國人性論史」（先秦篇）第二章。這是一個很好的觀念，很可以藉以與耶教之罪惡怖慄意識及佛教之苦業無常意識相對顯。下講「憂患意識中之敬、敬德、明德、與天命」，亦大體根據徐先生該文所整理之線索而講述。請讀者仔細參看該文。

第三講　憂患意識中之敬、敬德、明德與天命

在上一講之末，我們已明憂患意識與恐怖意識及苦業意識之分別。現在繼續談的，就是這兩種意識不同的引發與歸趨。宗教意識中的恐怖意識無須有所恐怖的對象。當我們站在高山之顛，面對一蒼茫虛渺的宇宙時，我們的心底往往湧現一個清澈的虛無感，驀然之間覺得這個世界這個宇宙實在一無所有，甚至連自己的身軀也是一無所有，總之是感到一片虛無（Nothingneas）。如果像契爾克伽特（Kierkegaard）所說的，能夠從這虛無的深淵奮然躍出來的，就是皈依上帝了。假如不望或者無能從這深淵躍出，那就等於萬劫不復的沉淪。因此，恐怖意識爲宗教意識中典型的皈依意識，皈依便是解消自己的主體，換句話說，就是對自己的存在作澈底的否定，即作一自我否定（Self-negation），然後把自我否定後的自我依存附託於一個在信仰中的超越存在——上帝那裡。如此，由虛無深淵

的超拔，恆爲宗教上的皈依。在耶教，恐怖的深淵是原罪，深淵之超拔是救贖，超拔後之皈依爲進天堂，靠近上帝。天堂是耶教之罪惡意識所引發的最後歸宿。在佛教，苦業意識的引發可從教義中的四諦看出。四諦是苦、集、滅、道。由無常而起的痛苦（苦）、由愛欲而生的煩惱（業），構成一個痛苦的深淵，它的超拔就是苦惱的解脫，即是苦惱滅盡無餘之義的滅諦，而超拔苦惱深淵後的皈依就是達到涅槃寂靜的境界。道諦所言的八正道，就是令人苦業永盡而進涅槃境界的道路。

中國人的憂患意識絕不是生於人生之苦罪，它的引發是一個正面的道德意識，是德之不修，學之不講，是一種責任感。由之而引生的是敬、敬德、明德與天命等等的觀念。孟子說：「生於憂患，死於安樂。」中國人喜言：「臨事而懼，好謀而成。」（論語孔子語）。憂患的初步表現便是「臨事而懼」的負責認眞的態度。從負責認眞引發出來的是戒愼恐懼的「敬」之觀念。「敬」逐漸形成一個道德觀念，故有「敬德」一詞。另一方面，中國上古已有「天道」、「天命」的「天」之觀念，此「天」雖似西方的上帝，爲宇宙之最高主宰，但天的降命則由人的道德決定。此與西方宗教意識中的上帝大異。在中國思想中，天命、天道乃通過憂患意識所生的「敬」而步步下貫，貫注到人的身上，便作爲人的主體。因此，在「敬」之中，我們的主體並未投注到上帝那裡去，我們所作的不是自我否定，而是自我肯定（Self affirmation）。彷彿在敬的過程中，天命、天道愈往下貫，我們的主體愈得肯定，所以天命、天道愈往下貫，愈顯得自我肯定之有價值。表面說來，是通過敬的作用肯定自己；本質地說，實是在天道、天命的層層下貫而爲自己的眞正主體中肯定自己。在孔子以前的典籍早已有「敬」和「敬德」，進而有「明德」的觀念。今引尚書爲例。召誥有言：「惟王受命，無疆惟休，亦無疆惟恤。嗚呼！曷其奈何弗敬！」可知召公在對其侄成王的告誡中，已由憂患（恤）說到敬了。召公認爲無窮無盡的幸福，都是上天所降，但是，切不可只知享福而忘其憂患。永遠處在憂患之中，持著戒愼虔謹的態度，天命才可得永保，否則上天撤消其命。召公在這裡深深地感嘆出「嗚呼」一聲，而且繼而再歎「曷其奈何弗敬！」可知他具有很強烈的憂患意識。所以他又說：「嗚呼！天亦哀於四方民，其眷命用懋，王其疾敬德。」那是說：「天又哀憐社會上的老百姓，天之眷顧降命是在勤勉的人身上。成王啊！你要趕快敬謹於德行。」但是這裡所謂德，只是應然的合理行爲，並未達到後來「內在德性」的意境。由敬德而有「明德」，康誥有云：「惟乃丕顯考文王，克明德愼罰。」這是周公告誡康叔的說話，要康叔昭著文王的美德，即要明智謹愼，特別在施刑方面，須要公明負責。至於天命，召誥又說：「今天其命哲，命吉凶，命歷年。」這三句的意思可注意的是天不但是命吉凶，命歷年，且命我以明哲。天既命我以明哲，我即當好好盡我的明哲。盡我的明哲，那就是敬德，就是明德愼罰了。無常的天命，取決於人類自身的敬德與明德。如果墮落了，不能敬德、明德，天命必然亦隨之撤消。所以如欲「受天永命」（召誥語），必須「疾敬德」。否則，「惟不敬厥德，乃早墜厥命」。（亦召誥語）。「天命」的觀念表示在超越方面，冥冥之中有一標準在，這標準萬古不滅、萬古不變，使我們感到在它的制裁之下，在行爲方面，一點不應差忒或越軌。如果有「天命」的感覺，首先要有超越感（Sense of Transcendence），承認一超越之「存在」，然後可說。

用今天的話說，通過「敬德」、「明德」表示並且決定「天命」、「天道」的意義，那是一個道德秩序（Moral order），相當於希臘哲學中的公正（Justice）。然而後者的含義遠不及前者的豐富深遠。孟子的民本思想，引尚書「天視自我民視，天聽自我民聽」爲論據。的確，這兩句的意義非常豐富，天沒有眼耳等感官，天的視聽言動是由人民體現的。換言之，統治者須要看人民，人民說你好，那麼表示天亦認爲你好，人民說你壞，那麼自然天亦認爲你壞。因此人民的革命表示統治者的腐敗，在統治者的方面來說，是自革其天命。天命的層層下貫於人民，表示一個道德的秩序。人民在敬德和明德之中，得以正視和肯定天道和天命的意義。天道與天命不單在人的「敬之功能」（Function of Reverence）中肯定，更在人的「本體」（Substance）中肯定。因此，這道德的秩序亦爲「宇宙的秩序」（Cosmic order）。

天命與天道既下降而爲人之本體，則人的「眞實的主體性」（Real Subjectivity）立即形成。當然，這主體不是生物學或心理學上所謂的主體，即是說，它不是形而下的，不是「有身之患」的身，不是苦罪根源的臭皮囊，而是形而上的、體現價值的、眞實無妄的主體。孔子所說的「仁」，孟子所說的「性善」，都由此眞實主體而導出。中國人性論中之主流，便是這樣形成的。在宗教則無眞實主體之可言，這是道德與宗教大異其趣之所在。西方人性論的主流中，人性Human nature直截地是人之自然，沒有從超越的上天降下而成的人之主體。西方的上帝與人類的距離極遠。極端地高高在上的上帝，又豈能下降於人間呢？

西方宗教中的天命觀念，以中國傳統的天命觀看來，是很容易理解的。譬如耶教中伊甸園的神話，亦表示了人本有神性，本有神性以爲眞實的主體，而不只是原罪。這神話敘述的亞當與夏娃本是與神性合一的，可是他們一旦相繼吃了禁吃的智慧果，表示他們的情欲，爲毒蛇引誘而至墮落，結果與神分離了。從此以後，人便只注意那原罪，而不注意那神性了。神性永遠屬於上帝一邊。人陷落下來而成爲無本的了。亞當夏娃在未墮落之前可以無憂無慮地遨遊於伊甸園，墮落的結果就是在靈魂方面的永恆死亡。然而耶教又說上帝愛世人。所以耶教不能不言「救贖」。從此以後，伊甸園的神話完全向「上帝、原罪、救贖」這以神爲中心的宗教形態走。救贖的觀念相當於中國「喚醒、覺悟」的觀念。覺悟或喚醒之後，人與天才可有「重新的和解」（Reconciliation），在和解的過程中人可重新提起已墮落的生命而與神性再度合一。由此我們可以這樣想：能否使此神性作爲我們自己的主體呢？看來這一步的功夫是很有意義、很有價值的。可是西方思想的傳統，不容許這功夫的完成。于是西方思想中的天命，對于人類是永恆地可望而不可即。他們只講神差遣耶穌來救贖，卻並不講「天命之謂性」而正視人自己之覺悟。西方思想中的天人關係，依然停滯于宗教的型態，沒有如中國的孔孟，發展出天人合一的儒學。

最後，我們可以簡潔地列出兩種意識所引發的天人關係，以爲這一講的總結：

宗教意識　恐怖意識（耶）：上帝（God）←向上投注—人
　　　　　苦業意識（佛）：

道德意識　憂患意識（儒）：天命、天道—向下貫注→人

第四講　天命下貫而爲「性」

上一講的中心，就是我們不只在敬的作用中，更在我們的本體中肯定自己。這一講是解釋天命下貫而爲「性」此過程的涵義。至于講的方式，與前略異，不是在泛論中徵引經典，而是通過三段最有代表性的引文，以看天命如何下貫而爲「性」。這三段經文都已肯定是孔子以前的，它們都是了解中國思想的鑰匙：

(一)詩周頌維天之命：「維天之命，於穆不已。於乎不顯，文王之德之純。」

(二)詩大雅烝民：「天生烝民，有物有則。民之秉彝，好是懿德。」

(三)左傳成公十三年：「劉康公曰：吾聞之，民受天地之中以生，所謂命也。是以有動作禮義威儀之則，以定命也。」

詩經中的觀念在孔子以前已形成，絕無問題；至于春秋所記魯國十二公之中，成公是第八個，而孔子生于定公，即春秋魯國第十一公，故第三段引文中的觀念，當亦形成于孔子以前。現在對上列三段，作一仔細的考察。首段是詩周頌維天之命的前段。朱子「詩集傳」雖值得商榷，但是其中對此詩的釋義，頗爲中肯。朱註如下：

「賦也。天命，即天道也。不已，言無窮也。純，不雜也。此亦祭文王之詩，言天道無窮，而文王之德純一不雜，與天無間，以贊文王之德之盛也。子思子曰：『維天之命，於穆不已』，蓋曰天之所以爲天也。『於乎不顯，文王之德之純』，蓋曰文王之所以爲文也，純亦不已。程子曰：天道不已，文王純于天道亦不已。純則無二無雜，不已則無間斷先後。」

此解雖好，但在今日看來，仍不足以明天道於穆的全幅意義。天道高高在上，有超越的意義。天道貫注于人身之時，又內在于人而爲人的性，這時天道又是內在的（Immanent）。因此，我們可以康德喜用的字眼，說天道一方面是超越的（Transcendent），另一方面又是內在的（Immanent與Transcendent是相反字）。天道既超越又內在，此時可謂兼具宗教與道德的意味，宗教重超越義，而道德重內在義。在中國古代，由于特殊的文化背境，天道的觀念于內在意義方面有輝煌熖赫的進展，故此儒家的道德觀得以確定。西方的文化背境不同，西方人性論中所謂人性Human nature，nature之首字母n字小寫，其實它就是自然的意思，而且恆有超自然（Super nature）與之相對。此超自然始有超越的意味，它屬於神性而不屬於自然世界（natural world）。西方哲學通過「實體」（Entity）的觀念來了解「人格神」（Personal God），中國則是通過「作用」（Function）的觀念來了解天道，這是東西方了解超越存在的不同路徑。中國古代的「天」仍有人格神的意味，例如上一講已引用的召誥語：「今天其命哲，命吉凶，命歷年。」分明說出「天」可以降命，亦可以撤命。公道的天對人有降命，人的生命才可有光輝發出。否則，如西方之視人爲首席動物，生命不得不淪爲一團漆黑，毫無光輝可言。天的命「哲」、「歷年」與「吉凶」三事，似爲命之個別化、事件化；而將天命的個別化與事件化，轉爲光明的主體時，人不必事事想及天志，只要當下肯定天所命給自己的光明主體便可。這時，反觀天道、天命本身，它的人格神意味亦已隨上述的轉化而轉爲「創生不已之眞幾」，這是從宇宙論而立論。此後儒家喜言天道的「生生不息」（易繫語），便是不取天道的人格神意義，而取了「創生不已之眞幾」一義。如此，天命、天道可以說是「創造性的本身」(Creativity itself)。然而，「創造性的本身」在西方只有宗教上的神或上帝才是。所謂「本身」，就是不依附于有限物的意思。譬如說手足可創造工具，詩人有創作才華便可以創造詩歌，這一類的創造顯然附著于有限物如人體，所以都不是創造性的本身。

天命如何「於穆不已」的？「於穆」是一個「副詞的片語」(Adverbal Phrase)，是深遠之貌。天命的確是深奧(Profound)而且深透(Penetrating)的。「於穆」可謂兼有深奧和深透的意義。我們試觀這個宇宙，山河大地變化無窮，似乎確有一種深邃的力量，永遠起著推動變化的作用，這便是易經所謂「生生不息」的語意。正因爲「於穆不已」的天命，天道轉化爲本體論的實在(Ontological Reality)或者說本體論的實體(Ontological Substance)。此思想的形態一旦確定了，宗教的形態立即化掉，所以中國古代沒有宗教。

爲甚麼要大大昭彰文王的德性呢？因爲文王眞正能夠表現自己光明的德性生命，他的生命之光永恆不滅，他的德性精純不雜；所以他永遠不會墮落。難怪中庸對「維天之命，於穆不已」加一精警的贊語，說：「此天之所以爲天也。」又對「文王之德之純」加一類似的贊語，說：「此文王之所以爲文也，純亦不已。」這兩句贊語中的「所以」，都是爲了表明「本質」（Essence）的意思。「天之所以爲天」，就是天的本質，換句話說，便是天的德。（本質義之德，非德性Virture義之德）。同樣，「文王之所以爲文」，等於文王的德，「文」字本身便是一個美稱了。由此可知中庸對天德與文王之德，都有很高的贊美。天之德和文王之德有甚麼關係呢？顯然，天命、天道貫注到個體的身上時，只要這個體以敬的作用來保住天命，那末天命下貫所成的個體的性可以永遠呈現光明，文王便是一個典型的例子。詩經這幾句在贊美文王時，首先贊美天道、天命，那是很有哲學意味的。

（二）詩大雅烝民第一章開首便是：「天生烝民，有物有則。民之秉彝，好是懿德。」朱子詩集傳這樣解釋：

「……烝，衆。則，法。秉，執。彝，常。懿，美。……言天生衆民，有是物必有是則。蓋自百骸、九竅、五藏而達之君臣、父子、夫婦、長幼、朋友，無非物也，而莫不有法焉。如視之明，聽之聰，貌之恭，言之順，君臣有義，父子有親之類是也。是乃民所執之常性，故其情無不好此美德者。……昔孔子讀詩至此而贊之曰：『爲此詩者，其知道乎？故有物必有則，民之秉彝也，故好是懿德。』而孟子引之，以證性善之說。其旨深矣，讀者其致思焉。」

可見此詩的作者認爲天生的人類（烝民可代表一切人），絶不是漆黑一團，而是「有物有則」的。「物」即「事」，不是物體。天生人類的個體，具有耳目口鼻觸等感官，此等感官使人能與外界的人與物發生關係，這便是事。又如人與人的關係，便有所謂五倫：即是君臣、父子、夫婦、長幼（兄弟）、朋友五種人與人間最基本的關係，這些關係的本身亦是「事」的物。所謂「則」就是行事之一定的道理或原則，如父子之間有孝與慈的原則，即朱註所說的「父子有親」。當然，朱子說「有是物必有是則」很對，因爲對應著每一件「事」物，都存在著一種行事的法則。至於「民之秉彝」，就是人民具有恆常的性之意，「好是懿德」便是好善惡惡的德性。由此，可知中國在孔子以前已有講「好善惡惡」的道德觀念，這觀念由孔孟發展，一直下貫至王陽明的思想。還須一說的，是所謂「好善」的好，不是如嗜好吃煙或飲茶之類的嗜好之好，而是發於常性，有道德判斷意義的好善惡惡之「好」。

（三）左傳成公十三年所引劉康公「民受天地之中以生，所謂命也」，是述中國思想史所必引的名句。首先要說明的，是：「中」即天地之道。「命」，不是命運之命，而是天命之命。天既然降命而成爲人的性，形成人的光明本體，但是單有本體不足恃，仍須倚賴後天的修養功天，否則天命不能定住，輕鬆一點說，天命是會溜走的。如要挽留它，那麼必要敬謹地實行後天的修養，須要有「動作禮義威儀之則」。換句話說，要有「威儀」，亦等於說要有莊敬嚴肅的氣象，如是才能貞定住自己的命。劉康公所說的「中」，後來即轉而爲中庸首句「天命之謂性」了。

總之，上引的三段都是孔子以前最富代表性的傳統老觀念。它們都表示天命天道在敬的作用中，步步下貫而爲人的性這一趨勢。這裡開啟了性命天道相貫通的大門。「維天之命，於穆不已」是一個重要的觀念，它把人格神的天轉化而爲「形而上的實體」（Metaphysical Reality）。只有這一轉化，才能下貫而爲性，才能打通了性命與天道的隔閡。如此，才有「民受天地之中以生，所謂命也」的觀念，才有「民之秉彝，好是懿德」的觀念。這是中國從古以來所自然共契的一個意識趨向。這一意識趨向決定了中國思想的中點與重點不落在天道本身，而落在性命天道相貫通上。如是自不能不重視「主體性」，自不能不重視如何通過自己之覺悟以體現天道——性命天道相貫通的天道。本講是著重在這下貫的趨勢。至於對於「性」的正式規定，則俟講了孔子的仁後，再詳細講。

第五講　孔子的仁與「性與天道」

上一講我們講由敬的作用，表明天命天道下貫而爲性的趨勢，歸結到中庸的首句——天命之謂性。從天命天道下貫說性，是中國的老傳統。中庸首句即代表這個傳統。但是中庸出於孔孟以後，至少也是在孔子以後。因此要了解「天命之謂性」，必先了解孔子的仁。孔子在論語裏，暫時撇開從天命天道說性這一老傳統，而是別開生面，從主觀方面開闢了仁智聖的生命領域。這一講爲了便利，把孔子思想分成兩行：

(一)仁與智或仁與聖。

(二)性與天道。

雖然孔子一向被後人尊爲聖人，但是孔子自己不敢認爲自己是聖人，他說：「若仁與聖，則吾豈敢」？仁與聖是人生的最高境界。在現實世界裡，是不可能有聖人的，因爲某人縱使在現實世界裡最受尊崇，一旦他自稱爲聖人，自命到達最高境界，那麼他的境界就不是最高的，所以已不可算是聖人了。聖人的產生，必由於後人的推崇，便是這個道理。孔子提出「仁」爲道德人格發展的最高境界。至孟子，便直說：「仁且智，聖也」。仁智並舉，並不始自孟子。孔子即已仁智對顯。如仁者安仁，智者利仁。仁者樂山，智者樂水。智者動，仁者靜。等等，便是仁智對顯，而以仁爲主。孔孟的智絕不是理智活動的智，而是生命的通體透明。「仁且智」既是說生命既能表現仁，又能裡外明澈，毫無幽暗。仁的主要表現是愛，但當然不是所「溺愛」。我國的老生常談「溺愛不明」表示出溺愛就是不明之愛，即是無智之愛。無智的愛當然不夠理想，因此道德生命的發展，一方面須要仁，另一方面須要智來輔助與支持。仁且智的生命，好比一個瑩明清澈的水晶體，從任何一個角度看去都可以窺其全豹，絕無隱曲於其中，絕無半點瑕疵。這樣沒有隱曲之私，通體光明瑩澈的生命，可以經得起任何的引誘與試探，能夠抵得住一切的磨折與風浪，永遠不會見利忘義，或者淪落到「利令智昏」的境地。見利忘義或者利令智昏，便是生命藏有隱曲，使本有的仁心仁性亦無從透顯。孔子以仁爲主，以「仁者」爲最高境界。此時仁的意義最廣大，智當然亦藏於仁之中，一切德亦藏於其中。孟子仁義禮智並舉，這是說我們的心性。說「仁且智聖也」，實亦賅括義於禮。這是自表現我們的心性說。並舉仁與智，就是爲了特注重智對仁的扶持作用。這樣說時，仁的涵義不得不收窄一點。仁與智並講，顯出仁智的雙成。

至於孔子思想中第二行的「性與天道」，那不是孔子最先講的，而是孔子以前的古老傳統。論語載有這問題的最佳參考，就是子貢所說的：「夫子之文章，可得而聞也；夫子之言性與天道，不可得而聞也」。所謂「文章」，當然不是文學作品，而是成文而昭彰的東西，其中最典型的應是實際的工作或事業。其次，「不可得而聞」向來有相異的兩種解說，第一種是說孔子認爲性與天道過分玄妙深奧，索性根本不談它們。另一種說法認爲孔子不是不講性與天道，只因性與天道不易爲青年學生所領悟，所以很少提及。我們可以推想，子貢說「不可得而聞」那話時，年齡一定不小了，最低限度他可略懂性與天道的道理。如此，他所說的「不可得而聞」其實是對孔子的贊嘆，這贊嘆又表示子貢對性與天道有若干程度的解悟。也許，孔子的確很少談論性與天道，從論語看來是如此；然而，孔子五十而讀易，至「韋編三絕」，而且又曾贊易，顯然他對易經下了一番功夫。易經的中心就是性與天道，因此孔子對性與天道，確曾下了一番研究的心血。說孔子對於性與天道根本不談，或根本無領悟，那是不對的。不過他不願客觀地空談，而卻開闢了仁智聖的領域。只要踐仁成聖，即可契悟天道。

如要明白孔子對天道、天命的看法，必先參考所謂「三畏」之說。孔子說：「君子有三畏：畏天命，畏大人，畏聖人之言。」「畏」是敬畏之畏，非畏懼之畏，敬畏與虔敬或虔誠，都是宗教意識，表示對超越者的歸依。所謂超越者，在西方是God，在中國儒家則規定是天命與天道。孔子的「三畏」思想，便是認爲一個健康的人格，首先必要敬畏天命。換句話說，如果缺乏超越感，對超越者沒有衷誠的虔敬與信念，那末一個人不可能成就偉大的人格。

然而，性與天道並非孔子開闢的思路，他所開闢的思路就是仁與聖的一路。顯然，孔子對性與天道這一傳統思路是念念不忘的。如此我們可以推想，孔子談論仁、智、聖的時候，必已具有一種內心的超越企向，或者說具有一種內在的超越鼓舞，這企向或鼓舞，就是他的對於天命天道的契悟與虔敬。實在說來，孔子是以仁智與聖來遙契性與天道。至此，我們自然會發生下列兩個重要問題：

㈠仁、智、聖有何作用？

㈡仁、智、聖如何遙契性與天道？

由於時間所限，這一講首先解決第一個問題。

仁、智、聖的作用，可從兩面說明。首先，仁、智、聖是以成聖爲目標，指出道德人格向上發展的最高境界，換句話說，便是指出人生修養的軌道或途徑，同時指出了人生最高的理想價值。在西方，耶教不教人成就一個基督，而是教人成就一個基督徒（Follower of Christ）。耶穌叫人跟祂走以獲得眞正的生命，然而跟祂走最高限度只是一個忠實的跟從者，到底不能成爲基督，因爲基督根本不是人，而是神或神而人（God-man），即以人的形態出現的神，在此人可希望做他的隨從，而永不可「希神」的。中國的儒家聖人教人希聖希賢，而聖人也是人，因此希聖是的確可以的，不須要說只可希望做聖人的隨從。東方的另一大思想——佛教，教人成佛，而人亦的確可成佛，不只成爲佛的隨從。這是儒、佛二教異於耶教的一重大之點。因此，亦可看出，孔子始創的仁與聖一路，確是中國思想史上的一個大躍進。

上面是內在地說明仁的作用。如要外在地說明，仁的作用便是遙契性與天道。成聖並非以工作才能爲標準，現實社會上所表現的才幹與一切聰明才智，都不足以成就聖人，充其量只能成就專家或者英雄。因此，仁的作用內在地講是成聖，外在地講的時候，必定要遙契超越方面的性與天道。仁和智的本體不是限制於個人，而是同時上通天命和天道的。易乾文言說：「大人者與天地合其德，與日月合其明，與四時合其序，與鬼神合其吉凶」。可知要成爲「大人」，必要與天地合德，那就是說，個人生命應與宇宙生命取得本質上的融合無間（或說和合Conciliation）。天地之德當然是上一講所引證的「維天之命，於穆不已」所表示的創生不息的本質。大人與天地合德，就是說要與天地同有創生不已的本質。用今日的語言解釋，就是要正視自己的生命，經常保持生命不「物化」（Materialization），不物化的生命才是眞實的生命，因爲他表示了「生」的特質。此生命當然是精神生命，不是自然生命，而是好比耶穌所說「我就是道路、眞理、生命」中的生命。「大人」又要「與鬼神合其吉凶」，說明了大人的生命，應與宇宙的幽明兩面都能做到息息相通的境界。換句話說：便是人生的幽明兩面應與宇宙的幽明兩面互相感通而配合。宇宙的幽明兩面是人所共知的，例如神、白晝、春夏都可認爲是宇宙的光明面，而鬼、黑夜、秋冬都可認爲是宇宙的幽暗面。人生亦如宇宙，有著明暗的兩面，譬如說生是明，死是幽。要了解宇宙的全幅意義，必要並看宇宙的幽明兩面；同理，要了解人生的全幅意義，必要並觀人的生死。所謂「大人」，須以全幅生命與宇宙打成一片。如此，仁、智、聖的本體不是封閉的，而是直往上通，與天命天道遙遙地互相契接。

解決了仁、智、聖的作用問題之後，我們很自然地引發另一問題——怎麼使仁、智、聖能和性與天道相契接？即是：怎麼才可與宇宙打成一片？關此，首先須要說明「仁」一概念的全幅意義。根據論語總觀「仁」的意義，可知一個人如何可成仁者或聖人，亦可知仁者與聖人如何又能與宇宙打成一片。照講者個人的了解，孔子的「仁」具有下列兩大特質：

㈠覺——不是感官知覺或感覺（Perception or Sensation），而是悱惻之感，即論語所言的「不安」之感，亦即孟子所謂惻隱之心或不忍人之心。有覺，才可有四端之心，否則便可說是麻木，中國成語「麻木不仁」便指出了仁的特性是有覺而不是麻木。一個人可能在錢財貨利方面有很強烈的知覺或感覺，但他仍可能是麻木不仁的，儘管他有多麼厲害的聰明才智。那是因爲「覺」是指點道德心靈（Moral mind）的，有此覺才可感到四端之心。

㈡健——是易經「健行不息」之健。易經言「天行健，君子以自強不息」。所謂「天行健」可說是「維天之命，於穆不已」的另一種表示方式。君子看到天地的健行不息，覺悟到自己亦要效法天道的健行不息。這表示我們的生命，應通過覺以表現健，或者說，要像天一樣，表現創造性，因爲天的德（本質）就是創造性的本身。至於「健」字的含義，當然不是體育方面健美之健，而是純粹精神上的創生不已。

從上述的兩種特性作進一步的了解，我們可以這樣正面地描述「仁」，說「仁以感通爲性，以潤物爲用」。感通是生命（精神方面的）的層層擴大，而且擴大的過程沒有止境，所以感通必以與宇宙萬物爲一體爲終極，也就是說，以「與天地合德、與日月合明、與四時合序、與鬼神合吉凶」爲極點。潤物是在感通的過程中予人以溫暖，並且甚至能夠引發他人的生命。這樣的潤澤作用，正好比甘霖對於草木的潤澤。仁的作用既然如此深遠廣大，我們不妨說仁代表眞實的生命（Real life）；既是眞實的生命，必是我們眞實的本體（Real Substance）；眞實的本體當然又是眞正的主體（Real Subject），而眞正的主體就是眞我（Real Self）。至此，仁的意義與價值已是昭然若揭。孔子建立「仁」這個內在的根以遙契天道，從此性與天道不致掛空或懸空地講論了。如果掛空地講，沒有內在的根，天道只有高高在上，永遠不可親切近人。因此，孔子的「仁」，實爲天命、天道的一個「印證」（Verification）。

第六講　由仁、智、聖遙契性、天之雙重意義

由仁、智、聖遙遙地與「性與天道」相契合，含有兩種的意義：

㈠ 超越的遙契。這方面的含義可從論語中孔子的幾句話看出：

A 「子曰：莫我知也夫！子貢曰：何爲其莫知子也？子曰：不怨天，不尤人，下學而上達，知我者其天乎」？

B 「五十而知天命」。

C 「畏天命」

孔子所說的「莫我知也夫」！是意味深長的慨嘆，所以它引起子貢的發問。然而，孔子並不作正面的直接答覆，而把子貢的問題撇開，從另一方面間接地答

覆。孔子認爲不應怨天尤人，即是不應把痛苦與罪過的責任推卸到自身以外，而應努力不懈地做自身的「下學」的踐仁功夫，以期「上達」的效果。「上達」什麼呢？顯然是天命、天道。「上達」就是古語「上達天德」的意思。天德、天命、天道其實沒有很大的差別。所謂「下學」的學，即是孔子所說的「學而時習之」的學。雖然這種「學」與追求專門知識的「學」，都是從累積經驗開始做去，但是它們有本質上的差別：追求專門知識的「學」，是以成專家爲目的，並無德性修養的意味，「下學而上達」的「學」，當然亦須從日常生活的實際經驗著手，可是它以上達天德爲最終目標。用現代化的語言來解釋，它的作用是把知識消化於生命，轉化爲生命所具有的德性。因此，「下學」的材料極爲廣泛，禮、樂、射、御、書、數之類通通要學，只是在學習期間，沒有成爲某方面專家的企圖，心中念念不忘便是怎麼轉化經驗知識爲內在的德性，簡單地說，就是怎樣轉智爲德。然而，這轉化不是容易得來的，它必須通過內心的覺悟，因此古人之訓釋「學」爲「覺」極有意義。「覺」等於德性之開啟或悟發，當然不是憑空地開啟，而是從經驗知識的獲得開始。

孔子認爲從下學可以上達，那就是說：只須努力踐仁，人便可遙契天道，即是使自己的生命與天的生命相契接，所以孔子作出「知我者其天乎」的感嘆。「知我其天」表示如果人能由踐仁而喻解天道的時候，天反過來亦喻解人，此時天人的生命互相感通，而致產生相當程度的互相了解。這樣的契接方式，我們可以名之爲「默契」。正如宗教上的「靈修」或者「培靈」的功夫，也是冀求天人的感通應接，例如耶教亦有這樣的義理：如你能與上帝感通，那末上帝的靈，自然降臨到你的身上。而在感通的過程中，你與上帝就可以互相喻解了。儒教中的天人感通，也只是一個精神生活上的境界。這境界的獲得，當然是談何容易。世人皆知人與人之間的眞正感通已甚難能可貴。古語有云：「人生得一知己，可以無憾」。可見人間的互相感通已極可珍視。人生數十年，常苦未得一知己。人與人都如此，人與天的感通更難。孔子的下學上達，便是希冀與天成爲知己。

知天當然不易，所以孔子的生命，經過一番踐仁的功夫，直到五十歲才敢說「知天命」。人當盛年，往往由於生命力發展已趨高峯，而表露出驚人的英雄氣概，壯志豪情。然而到行年五十之時，原始生命的高潮已過，英雄氣概與壯志豪情便一一收斂而趨向恬淡的思維。孔子行年五十，由於不斷的踐仁，生命更精純了，思想更精微了，德性人格向上發展了，人生境界亦向上提高了，因他敢說「五十而知天命」。在孔子，五十是德性人格一大轉進的年齡，是與天相知的年齡。

然而，這種與超越者的相知，絕不是經驗知識（Empirical Knowledge）或者科學知識（Scientific Knowledge）的知，這樣的知愈豐富，人便愈自豪，愈缺乏對超越者的敬畏。但是知天的知，必然引生敬畏的意識，敬畏是宗教意識。天道高高在上，人只能遙遙地與它相契接，又怎能沒有敬畏呢？故此敬畏的意識是從遙契而來的。從知天而至畏天命，表示仁者的生命與超越者的關係。但是在此我們先要了解的，就是暫時不要把天命、天道了解爲「形而上的實體」（Metaphysical Reality），儘管在儒家思想中天命、天道確有「形上實體」的含義。在前第四講裡，我們知此含義從古就有。我們可從詩「唯天之命，於穆不已」、易「天行健，君子以自強不息」，以及劉康公所謂「民受天地之中以生」，就可看出。後來宋儒則把此義概括爲「天命流行」。把天命、天道說成形而上的實體，或「天命流行之體」，這是了解儒家的「天」的一個方式。但是孔子所說的「知我其天」，「知天命」與「畏天命」的天，都不必只是形上實體的意義。因爲孔子的生命與超越者的遙契關係實比較近乎宗教意識。孔子在他與天遙契的精神境界中，不但沒有把天拉下來，而且把天推遠一點。在其自己生命中可與天遙契，但是天仍然保持它的超越性，高高在上而爲人所敬畏。因此，孔子所說的天比較含有宗教上「人格神」（Personal God）的意味。而因宗教意識屬於超越意識，我們可以稱這種遙契爲「超越的」（Transcendent）遙契。否則，「知我其天」等話是無法解釋的。我們可以說，在孔子的踐仁過程中，其所遙契的天實可有兩種意義。從理上說，它是形上的實體。從情上說，它是人格神。而孔子的超越遙契，則似乎偏重後者。這是聖者所必然有的情緒。與這種遙契相對照的，是：

㈡「內在的」（Immanent）遙契。「超越的」與「內在的」是相反字，顧名思義，可知內在的遙契，不是把天命、天道推遠，而是一方把它收進來作爲自己的性，一方又把它轉化而爲形上的實體。這種思想，是自然地發展而來的，主要表現於中庸的幾段：

A 「唯天下之至誠，爲能經綸天下之大經，立天下之大本，知天地之化育。夫焉有所倚？肫肫其仁，淵淵其淵，浩浩其天。苟不固聰明聖智達天德者，其孰能知之」？

可見中庸把天命、天道，轉從其化育的作用處了解。首先，中庸對於「至誠」之人作了一個生動美妙的描繪。「肫肫」是誠懇篤實之貌。至誠的人有誠意（Sincerity）有「肫肫」的樣子，便可有如淵的深度，而且有深度才可有廣度。如此，天下至誠者的生命，外表看來既是誠篤，而且有如淵之深的深度，有如天浩大的廣度。生命如此誠篤深廣，自可與天打成一片，洋然無間了。如果生命不能保持聰明聖智，而上達天德的境界，又豈能與天打成一片，從而了解天道化育的道理呢？當然，能夠至誠以上達天德，便是聖人了。由此可明：孔子對天的超越遙契，是比較富有宗教意味的；而發展至中庸，講內在的遙契，消除了宗教意味，而透顯了濃烈的哲學意味。超越的遙契是嚴肅的、渾沌的、神聖的宗教意味，而內在的遙契則是親切的、明朗的哲學意味。讓我再看另一段：

B 「天地之道，可一言而盡也。其爲物不貳，則其生物不測」。

可以盡天道的一言便是「其爲物不貳，則其生物不測」。「爲物不貳」指出天道精純不雜的本質，正因爲精純，故又是精誠。正因爲精誠深奧，所以它「生物不測」。可見中庸從「生物不測」的生化原則來了解天道。中庸又云：

C「唯天下至誠，爲能盡其性；能盡其性，則能盡人之性；能盡人之性，則能盡物之性；能盡物之性，則可以贊天地之化育；可以贊天地之化育，則可以與天地參矣」。

「天下至誠」的人可盡己、盡人、盡物的性，因而可以參贊天地的化育。由於天地的本質就是生長化育，當人參天地而爲三的時候，便已等於參與（Participate）並且贊助（Patronize）天地的化育了。人生於地之上、天之下，參入天地之間，形成一個「三極」的結構。三者同以化育爲作用，所以天地人可謂「三位一體」（Trinity）。三位之中，本來只有天地二極以生化爲本質，可是人的「精誠」所至，可以不斷地向外感通，造成一條連綿不斷的感通流，流到甚麼就可盡甚麼的性，感通的最後就是與天地相契接，與天地打成一片。這種契接的方式顯然不是超越的，而是內在的。然而，天下的至誠只是絕無僅有的聖人，次於聖人的賢人唯有「致曲」。中庸接著上引一段而說：

D「其次致曲，曲能有誠。誠則形，形則著，著則明，明則動，動則變，變則化；唯天下至誠爲能化」。

聖人之下的賢人，生命未臻精純，因此須要自其一偏（曲）而推極（致），以至於「誠」的境界。由誠而有明、著、形、動、變、化的六個步驟。這全部過程以「化」爲終極。誠者的生命健行不息，能夠如天地一樣起著化育的作用。由此段話，亦可見天命流行是何等的「於穆不已」。但是人雖能致曲有誠，人究竟不如天，所以中庸又說：

E「誠者，天之道也；誠之者，人之道也」。

中庸視「誠」爲天之道，即自然而然之道，自然是誠體流行。而「誠之」的修養功夫，則是「人之道」，即由「誠之」之工夫以求恢復天所賦予自己的「誠」的本體或本性。由此可見：中庸的「誠」實與孔子的「仁」相合（Identical）。「誠」可被視爲天道。「仁」有「肫肫」、「淵淵」、「浩浩」的特性，它的感通與擴充當然無窮無盡，它的參贊化育的作用亦無窮無盡，故此孔子的「仁」亦可被視爲天道。人可從誠或仁去了解天道。至此，傳統思想中高高在上的天道，經過中庸的發展，而致完全可被人通過仁與誠去體會、去領悟。如是，天、天道、天命的「內容的意義」可以完全由仁與誠的意義去證實它爲一「生化原則」，因此可以說爲「天命流行之體」。這種印證的了解，我們叫它是「內容的了解」（Intensional understanding）。不作內容的了解。天命、天道對人只有如霧裡的香花，人只知其爲香，而永遠看它不清楚。這裡，我們可以把中庸以前儒家思想中一系列的重要概念，加以最具概括性的總結。我們不妨把它們寫成一串恆等式：

天命、天道（詩、書等古籍）＝仁（論語）＝誠（中庸）＝創造性自己（Creativity itself）＝一個創造原理（Principle of Creativity）＝一個生化原理（創造原理的舊名詞，就是生化原理）。

對這恆等式最重要的說明，就是：天命、天道的傳統觀念，發展至中庸，已轉為「形而上的實體」一義。

以上說明了兩種似乎相反的遙契方式。我自然要問：究竟這兩種方式，是否含有不可統一的矛盾衝突？很容易看出，它們並無衝突。由超越的遙契發展為內在的遙契，是一個極其自然的進程。前者把天道推遠一點，以保存天道的超越性；後者把天道拉進人心，使之「內在化」，（Innerize），不再為敬畏的對象，而轉化為一形而上的實體。這兩種遙契的產生先後次序與其過渡，都十分容易了解。因為人類最先對於高高在上，深奧不測的天必然引發人類對它的敬畏；然而日子久了，人類對天的了解漸深：假如在天災深重的地區（猶太是典型），人不得不深化（Deepen）了對天的敬畏，特別是「畏」懼，而致產生恐怖意識，結果凝鑄出一個至高無上的天帝God，宗教由此而出。假如在天災不致過份深重，農作足以養生的地區（中國是典型），人類往往能夠以農作的四時循環，以及植物的生生不息體悟出天地創生化育的妙理。首先對這妙理欣賞和感恩，沖淡了對天的敬畏觀念，然後，主體方面的欣賞和感恩，經年累月地在世世代代的人心中不斷向上躍動，不斷勇敢化，而致肯定主體性，產生與天和好

(Conciliate)與互解(Mutually Understand)的要求：而且，不以相好相知爲滿足，更進一步，不再要求向上攀援天道，反而要求把天道拉下來，收進自己的內心，使天道內在化爲自己的德性，把人的地位，通通參天地而爲三的過程，而與天地并列而爲三位一體，換句話說：把天地的地位由上司、君王拉落而爲同工、僚屬。至此，天道的嚴肅莊重的宗教意味轉爲親切明白的哲學意味。所以，天命、天道觀念發展的歸宿，必爲與主體意義的「誠」「仁」兩個觀念同一化(Identification)。

超越的遙契著重客體性(Objectivity)，內在的遙契則重主體性(Subjectivity)。由客觀性的著重過渡到主體性的著重，是人對天和合了解的一個大轉進。而且，經此一轉進，主體性與客觀性取得一個「眞實的統一」(Real Unification)，成爲一個「眞實的統一體」(Real Unity)。此種統一，不是儒教所獨有，耶教亦有相似的發展過程。上帝，至耶教之時，便通過其獨生子——耶穌的生命，來徹盡上帝的全幅意義。人通過耶穌的生命得與上帝感通，就是一種超越的遙契。宗教著重超越的遙契，但是如了解超越者，人又不得不重視主體性。站在「人」的立場看來，仁者的生命便是主體性，如孔子、如耶穌；天命、天道或上帝便代表客觀性。如從「理」的方面了解，不從「人」的方面了解，那末誠與仁都是主體性。在西方，亞里士多德的心靈所醞釀出來的「上帝」，只是純理性（Pure reason）方面的「純思」（Pure thought）或者「純型」（Pure Form），絲毫沒有感情的貫注，因而只是無情的哲思而非能安頓人心的宗教。直至耶教產生，倚靠耶穌的代表主體性，而顯得親切近人，上十字架灑寶血更能透射出震憾人心的如火親情。然而，耶教始終爲重客體性的宗教。孔子未使他的思想成爲耶教式的宗教，完全由於他對主體性仁、智、聖的重視。這是了解中國思想特質的最大竅門。

第七講　主觀性原則與客觀性原則

Principle of Subjectivity and Principle of Objectivity

這一講的目的，是對上一講作一個原則性的解釋。上一講我們說明了兩種遙契「性與天道」的方式，都以仁、智、聖爲根據，而且，至中庸提出「誠」字，不外是仁的轉換表示。「唯天下至誠唯能化」一類的話把天命、天道的意義轉化爲形上的實體，把天命、天道原有的人格神的宗教意味化掉，同時又將仁、智、聖、誠等一系列的觀念統一化。這一講主要是從與宗教的比較中，徹解儒家思想中兩種遙契「性與天道」的方式所代表的兩種原則。

以仁、智、聖開始而向外通的，屬主觀性原則，或主體性原則（Subjectivity 可譯爲主觀性或主體性）。所謂「主觀」的意思，和「主體」的意思相通，絕無不良的含義。科學研究不應主觀，而須要客觀，在此「主觀」便有壞的含義，即世人罵人「主觀」所取的意義。主觀性原則的「主觀」，並非別的，只是從主體來觀，詳細一點，即是從自己生命的主體來立言，仁、智、誠都是從自己的主體表現出來的，顯然是屬於主觀性原則。例如仁的表示，端賴生命的不麻木，而能不斷的向外感通。從感通來說，仁是悱惻之感，此全幅是悱惻的「道德感」（Moral sense），是從內心發出的。又如誠，儘管論語所載孔子的說話中未有提及，儘管誠的字眼孔子並未用到，然而很明白地，誠是從內心外發的，是內心的眞實無妄，亦屬主觀性原則。孔子所謂「踐仁」的工夫，便是倚賴內心道德感的層層向外感通。在層層感通之中「理」亦包藏於其內，故此仁不單包含內心道德的活動，亦包含「理」的觀念。通過踐仁的過程，可以「上達天德」，是以主體的踐仁爲出發點。論語記載孔子說：「人能弘道，非道弘人」。這話同時表現了道的主觀性與客觀性：首先，它指出道是「客觀的」（Object ive），現成地擺於天壤間，即道是處於「自存狀態」（State of Self-existence）的。道只自存，故不能弘人。然而它好像一件物事，客觀地存在於天地之間，這就是道的客觀性。正因道只自存，所以它倚待人的充弘，即是說：道須要人的踐仁工夫去充顯與恢弘。否則它只停滯於「潛存」（Potential or Latent）的狀態。依賴人的弘，這就是道的主觀性。在儒家的道德觀，「人能弘道」不但可說，而且具有很深長很豐富的意義。但是在宗教上則不然。如在耶教，只可說「道可弘人」。如果說「人能弘道」，那麼在教徒聽來，當然是極不悅耳的。這原因的詳細解釋，留待後頭，現在我們只作表面的解說：耶教以上帝（神）爲中心，教義已經規定好，問題只在人能否虔誠祈禱。人是很難「弘道」的。中國有一句老話，即是荀子天論篇開首很著名的三句：「天行有常，不爲堯存，不爲桀亡」。這表達了「道之客觀性」（Objectivity of T'ao），不管聖王或者昏君，天道沒有因之而存或亡。換句話說：不管人能否表現道，反正道永恆地不變地存在。

以上我們從道的主觀性說到道的客觀性。現在我們不得不繼而指出：道的客觀性固然重要，而道的主觀性亦不應被忽視。雖說天不管人間的君王爲堯爲桀，但是如果完全忽略了堯、桀對道的影響，那就是大錯特錯。因爲有堯出來，他可以率天下人去「弘道」，道不表現於人間，而且其本身的具體內容亦得彰顯而明朗。有桀出來，他可以領天下人去背道，不但不弘道，甚至把人間完全弄成無道，壞得不可收拾，而道亦大隱晦。可知，道的確須要聖賢去充弘彰顯，以求徹盡道的內容意義（Intensional meaning）。堯所表示的，是弘道方面的主觀性；桀所表示的，剛剛相反，是滅道的主觀性，是「物化」（Materialization）方面的主觀性，可謂漆黑一團、毫無生命光輝可言的。在耶教，雖以上帝爲中心，上帝相當於儒家思想中之天道，代表道的客觀性。「上帝」在聖經（Holy Bible）之中亦可稱爲Word（W作大寫），如說「太初有道，道與上帝同在」。這「道」或上帝是客觀地自存的。但它的內容意義卻須一個大生命來彰顯。也就是說：上帝的「道」，依賴一個偉大的人格超凡的生命去表現昭著。耶穌就是擔負這任務的大人格、大生命。假如不通過此大人格、大生命去彰顯上帝，則上帝也許只是一個抽象的概念，或許甚至只是一個混沌。其具體而眞實的內容是無法契接於人心的。譬如通過哲學的思考，就無法徹解上帝。亞里士多德的哲學，把上帝（God）理解爲「純思」（Pure thought）或「純型」（Pure Form）。此二名詞在此不能詳講，但最少可說它們絕不同於耶教之上帝。上帝之內容的意義，只好待宗教人格之出現才可全盡。希臘之哲人，不管是蘇格拉底、柏拉圖，還是亞里士多德，都未能說出一個宗教上的上帝，故希臘根本缺乏正式的宗教。至基督教出現，經耶穌表現之上帝，其內容始成爲「純靈」（Pure Spirit）。而且上帝亦成爲一個被人崇拜與祈禱的對象。亞里士多德思想中之純思與純型，當然不是宗教的純靈。事實上，哲學家的任何思考（Speculation），都不可能透盡宗教上神或上帝的全部內容。在耶教，上帝的全幅意義由耶穌去彰顯，因此耶穌的生命便代表了道的主觀性原則。

耶教雖同儒教，其中的道均有客觀性的主觀性兩面，可是二者的重點不同，而致大異其趣。儒家思想的主觀性原則，是從仁、智、誠立論的；基督教的主觀性原則，是從Universal Love立論的。（Universal Love一般譯爲「博愛」，未必最好，如譯爲普遍的愛或者宇宙的愛，似乎更爲恰當。今爲方便起見，仍說「博愛」）。博愛的表現與孔子的仁的表現，當然大不相同。博愛是從上帝而來，孔子的仁，則從自己的生命而來。因此，孔子的仁不能單說包含了普博（Universal）的意義。雖然在仁的步步向外感通的過程中，當然具有普遍的、宇宙的、泛博的涵義，然而它不單具普遍性（Universality），而且由於感通有遠近親疏之別，所以具有不容忽視的「差別性」（Differentiality）、「特殊性」（Particularity）或者「個別性」（Individuality）。孟子說：「親親而仁民，仁民而愛物」，即是說仁的差別性。孟子費如許唇舌，反對墨子的兼愛，罵兼愛爲不合人情，必然導致「無君」「無父」的大混亂，也是爲了順人情之常，而保存愛的差別性。至於基督教方面，耶穌表現的博愛，完全不從自己的生命處立根，完全不管人類實際生活中不可避免的差別分際。因此耶穌表現博愛的過程，可以說是一個向後返的過程。儒家思想中對仁、智、誠的表現，則是一個向外推擴的過程。正因爲向外推擴，才出現遠近親疏的層次觀，由家庭內的父母兄弟，推至家庭外的親戚朋友，以至無生命的一瓦一石，由親及疏的層次井然不亂，依順人情而不須矯飾。譬如說在大饑荒時，你只有一塊麵包，而同時有自己的父母與鄰人的父母急待救濟，當然你自自然然地把那塊麵包給自己的父母。不給他人的父母是不得已，並不能說是自私自利。因爲愛有差別性。假如你偏偏把那塊麵包給他人的父母，反而不顧自己的父母，那末依儒家思想，這不但不必，而且是不道德的矯飾，是違反天理的。總之，儒家的仁愛思想通過一個向外推擴的過程表現，既是向外推，便不能如耶教的只講普遍的、宇宙的愛。

然則在基督教所主張的向後返的過程中，以甚麼姿態來表現博愛呢？答案就是犧牲（Sacrifice）。因爲耶教不管實際生活中人事的具體分際，所以耶教的博愛思想主張愛仇敵，左臉被打之後可能給上右臉。你要裡衣，連外衣一起給。放棄報復僅爲低級的、簡單的小犧牲而已。較大的犧牲是放棄人間一切具體生活，如家庭、社會、國家一切具有具體分際的具體生活，而只追求天國的靈性生活。

至於最高級、最偉大、最感人的犧牲，就是生命的放棄，最典型的例子當然是耶穌的釘十字架。儒家思想中亦有放棄生命的教訓，最著名的莫如孔子所說的「有殺身以成仁，無求生以害仁」。教人殺身成仁、捨生取義，其中偉大的犧牲精神，與耶教有很類似之處。然而耶穌的上十字架，並不同中國歷史上所謂「殉道」，中國古代殉道的烈士並不少。他們殉道的目的是成仁取義，耶穌上十字架的意義，則在以犧牲的姿態表現普遍的愛，從而徹盡上帝的內容意義，而且能負起如此重責的，只有他一個。耶穌自己不但作出最偉大的犧牲，而且教訓世人亦當主動地作出犧牲。他說：「我給世間帶來的，不是和平，而是鬥爭」。這話似乎駭人聽聞，但是它有很深的含義，即是教人戰勝一切拖帶，不要顧慮自己的家屬和親友，而要潔淨純粹，讓自己的心靈單和上帝交往。因此耶穌說有錢的人，手扶著犁回頭向後看的人，不能進天國。「不背起你的十字架，不配作我的門徒」。當然亦很難進天國。其故便是由於他們很難放棄塵世間的種種拖帶與顧慮。耶教教人放棄一切具體生活中具體分際，父母兄弟國家都不在眼下，教人全心皈依到上帝處，所以不可能保持「分際」的道德觀念，不能表示倫理的道德性（Ethical morality），只能表示純粹宗教上的道德觀念。雖然摩西接受的十誡（The Ten Commandments）中有一誡說當孝敬父母，但是這種孝敬在人心並無內在的根據，而且聖經沒有說對自己的父母與對他人的父母應有什麼差別。耶教不能表示倫理的道德性，而單表現宗教的道德性（Religious morality），這亦是一個姿態。故知耶教向後返的過程之中，表現博愛的姿態實有兩面：（一）放棄不必要的物質拖累，甚至放棄生命。（二）取消具體生活中的道德分際。

可是道德分際一旦取消了，自然會引發了一些難題。例如有道德分際才可有國家觀念。站在現實人生的立場來看，耶穌的國家觀念當然是很差的。這不是他的缺憾。因爲他的國在天上，不在地下。他全幅精神集中在他天上的父。然而，當日的猶太爲強盛的羅馬帝國統治，猶太民族正處於愷撒（Julius Caesar）的鐵蹄之下，可謂水深火熱的亡國狀態。此時耶穌如果完全不表示一點愛國觀念，那麼他的教訓是很難得到人的同情的。有人問耶穌，應否納稅給羅馬帝國，這雖是一個大難題，耶穌智慧當然可以應付裕如，他看看那個鑄有愷撒像的銀幣，立即答道：「讓愷撒的歸愷撒，上帝的歸上帝」。可見耶穌以一刀兩斷的手法，詼諧一點說，應用一個簡單的「愷撒、上帝二元論」，一刀截斷了愷撒和上帝的關係，避免了正面答覆那問題的困難。

耶穌通過最高的放棄——放棄生命，爲了傳播上帝的普遍的愛（Universal love），燃起普遍的愛之心，把人心對物質、親友之類的拖帶顧慮一一燒燬。因此耶穌上十字架，對人心有著很大的淨化（Purification）作用。而且，在將上十字架的一段時期，耶穌心中博愛之火已經燃燒到熊熊烈烈，他的生命已達到一個狂烈的、不得不上十字架的狀態。這時他的心中只有上帝，別無其他。換句話說，此時他的生命已經錘鍊得精純到無以復加的地步。精純的愛之火，燒掉人心的拖累，如此才可彰顯無分際的博愛。耶穌上十字架後三天復活，於是完成了犧牲生命的過程，這過程證實了上帝是一個「純靈」（Pure Spirit），而純靈之所以爲純靈，正在於普遍的、宇宙的愛。因此，我們說這是一個向後返的過程，是不從差別性去表現的。我們在道理上可以說：耶教亦可在向後返的過程之後，再回來作差別分際的表現。但是宗教精神絕不容許這一步。

在道理上說，耶教只有向上逆返，而無向下順成，故爲不圓之教。而天命、天道下貫於人心而再於具體生活中作順成的表現，這一回環正由中國的大聖人孔子所完成。由此可言：儒耶合作，可使天人關係的道理圓融通透。然而，自古宗教信仰都有極強烈的排他性，聖人教主之中無二人能夠合作。從文化立場來看，這可說是聖人的悲劇，宗教信仰的悲劇。這些悲劇不可消滅，我們唯有給予無可奈何的悲憫。由於不同的宗教信仰互相排斥，永不相解相諒，所以宗教容易淪落。某些宗教工作者甚至淪落到「好話說盡，壞事做盡」的田地，的確是可哀可歎。不同宗教的互相諒解，聖人的應該合作，以求互相取長補短，這個道理，對中國人是特別容易理解的。因為中國人的傳統思想，有著很高的和合力量，並有一種很高的圓融的智慧。話得轉回頭，耶穌不從人的生命之仁、智、誠立論，因此人的生命之眞正主體不能透出。耶穌把仁、智、誠亦放在上帝之處立論。然而上帝顯然不可成為人的眞正主體，因此耶教無法點出人的眞正主體。我們可從此而說耶教的特徵，就在兩句概括性的話裡：「證所不證能，泯能而歸所」。能，所之別即是今日所謂主體（Subject）與客體（Object）之別。耶教向後返的過程之唯一目標便是「證所」。上帝以耶穌表現自己，同時耶穌也自覺自己就是上帝的化身。表現上帝，就是「證所」。所以有人要求耶穌拿出上帝給他看的時候，耶穌毫不客氣地對他說：你天天與我在一起，還未看見上帝嗎？這話表示耶穌自知為上帝的化身，而上帝才是眞正被表現的客體。耶教以上帝為中心，故重客體性。

黑格爾的名著「宗教哲學」，對宗教的解說，有一套獨特的理論，其中所應用的亦是獨特的名詞。今本黑氏精神哲學中的宗教理論，首先談黑氏對耶教的「三位一體」（Trinity）的解說，然後以此理論來考察儒家的精神哲學，性命天道相貫通的哲學。依黑格爾的思想，基督教的上帝本身、耶穌，以及聖靈，代表三格，三個階段：

㈠第一階段稱爲「聖父階段」。聖父即是上帝（神）自身，是最高級的存在，當然是「自存」Self-existent的，用中國的老話說，是「不爲堯存，不爲桀亡」的「有常」的「天」。黑格爾名之爲「神之在其自己」。（「God in itself」——「itself」只在客觀研究的哲學立場上可說，如在耶教立場用it當爲「大不敬」，應用大寫之「祂自己Himself」，下同）。「在其自己」表示客觀性原則。

㈡第二階段稱爲「聖子階段」，聖子是上帝（神）的獨生子耶穌，也就是上帝表現自己所必須通過的大生命。當耶穌說教的時候，上帝亦成一客觀的對象，換句話說，這時上帝通過耶穌，以祂自己爲對象。故黑格爾稱聖子耶穌爲「神之對其自己」God For itself（Himself）。（雖然上帝創生耶穌是「爲了」for表現自己，for itself譯爲「爲其自己」亦不錯。但是黑格爾的三位一體說所本的原則，是主觀精神、客觀精神及絕對精神，此處for itself的中心思想是「以自己爲對象」，故此譯爲「對其自己」勝於「爲其自己」）。在此階段，上帝作爲所對者，能對者則爲上帝的化身耶穌，故耶穌代表了主觀性原則。

㈢第三階段即最後階段，稱爲「聖靈階段」。上帝「父」格，耶穌是「子」格，即上帝爲父的身分，耶穌爲子的身分，但是耶穌只在主觀方面是子的身分，客觀上祂仍是上帝的化身，因此在客觀方面說，上帝是兼有父子的雙重身分的。爲了表示上帝自己的內容意義爲一「純靈」（Pure Spirit），爲普遍性的博愛（Universal love），上帝的「父」「子」兩格必須綜合起來，構成一「絕對統一性」（Absolute-unity）的形式，即把聖父階段與聖子階段推到一個「眞實的統一」（Real Unification），以印證（Verify）上帝自身之爲純靈博愛。因此，耶教說耶穌死後三天復活，升天而坐在上帝的旁邊。這個過程，表示上帝的精神由耶穌體現的外在現象而返於其自己，超越了上帝與耶穌所構成的「對偶性」（Duality）而產生出三位一體的第三格——靈格。（聖靈之爲神聖精神，完全由聖父聖子綜合而出，此義本不難理解。可是有些人把聖靈視作一種人格Personality，甚至由此而把聖靈說得光怪陸離，反而使人費解）。由于靈格是父格與子格的綜合統一，因此黑格爾稱聖靈爲「神之在而且對其己」God in-and-for itself（Himself）。「在而且對其自己」，表示主觀性原則與客觀性原則的眞實統一。

上述三位一體之說，是基督教最基本的教義，黑格爾認爲三位一體的思想，表現耶教爲「涵義最爲完全」的宗教，故以耶教爲絕對宗教的唯一代表。反觀中國思想，雖無三位一體之說，但是所謂「圓教」正可與之相當。天命、天道，即相當於西方的神或上帝。借用黑格爾的名詞來說，天命、天道自身就是天道之「在其自己」，代表天道的客觀性；仁、智、誠，就是天道之「對其自己」，代表天道的主觀性，因爲仁、智、誠是表示天道通過踐仁的生命主體而表現出來的。聖人如孔子在踐仁之時，可以證實天道的內容意義，亦可有主體性與客體性之統一。在此統一上，我們即可說天道之「在而且對其自己」。然而這多少帶點宗教意味。至中庸講內在的遙契，亦可說天道之「在而且對其自己」。但此時仁、智、誠與天道已完全同一化，天道的「人格神」（Personal God）意味已取消，而成爲形而上的實體，轉化而爲生化原理或創造原理。是以儒家思想未發展成爲宗教。

但是在中國哲學史上，並存著重視主觀性原則與重視客觀性原則的兩條思路。後者源於中庸首句「天命之謂性」與易傳的全部思想，下至宋儒程朱一派；前者源於孟子，下至宋明儒的陸王一派。中庸、易傳，程朱一路著重道的客觀性，如周子講「太極」，張子講「太和」，程朱講「理」「氣」二元，並從此而論道德，故此他們所重視的「天道之在其自己」，絲毫沒有宗教意味，而爲純粹的宇宙論意味。由於過分重視道之客觀性，在主觀性一面體悟得不夠，難怪引起陸王一派的不滿，而作一重視主觀性的推進。朱、陸異同的關鍵在此。可惜當日的理學家，在此中甚深的義理方面，不甚能自覺，理解能力不夠，不但無法澄清雙方的眞正歧異之處，而且浪費了許多寶貴的精力，主要以書信回還的方式，互相作不著邊際的責斥。例如朱子斥陸象山「空疏」，爲「禪」，陸象山又罵朱子「支離」，「虛見，虛說」，其實雙方的攻擊，均未中要害，難怪雙方都不服對方的斥責。平心而論，重視那一方面的思想，都顯出其獨特的姿態。「空疏」與「支離」不過是兩種不同姿態表面上的缺憾。眞正關鍵並不在此。我們前說中庸首句「天命之謂性」是代表中國的老傳統——從天命、天道下貫而爲性這一傳統。北宋諸儒下屆朱子實比較能契接這個傳統，倒反不能契接孔孟的精神。我們前說孔子暫時撇開那老傳統，不直接地從客觀方面說那性命與天道，而却別開生面，從主體方面，講仁、智、聖，開啟了遙契性與天道的那眞生命之門。主觀性原則正式自此開始。孟子繼仁智而講道德的心性，主觀性原則益見豁朗而確立。孟子論人皆有四端之心。「萬物皆備於我矣。反身而誠，樂莫大焉」。「心」顯然代表主觀性原則。「心」爲道德心，同時亦爲宇宙心（Cosmic mind），其精微奧妙之處，是很難爲人理解的。但其實是根據孔子的「仁」而轉出的。陸王倒比較能契接這一面。故重主觀性原則。人們常是易於先領悟客觀性原則。是以程朱派，雖不直承孔孟，而在宋以下竟被認爲是正統；而陸王一派，雖是直承孔孟，而在宋以下卻不被認爲是正統。陸王承接孟子的心論，認爲心明則性亦明，走著「盡心，知性，則知天」的道德實踐的道路，這才是中國思想的正統。當然，朱、陸所代表的絕不是互相衝突的兩個學派，而是理學發展很自然的兩個階段。程朱階段正好比基督教三位一體說中的聖父階段，陸王階段正好比聖子階段。由於客觀方面道德的實踐必須通過主觀方面的心覺，第二階段之承接第一階段，可謂人類精神之必然行程。

第八講　對於「性」之規定（一）易傳、中庸一路

以前所講的仁、智、聖，與及性與天道，都是歸結於一個中國哲學的中心問題——「性」的規定問題，這問題可謂歷史悠久，自孔子以前一直下貫至宋明以後。綜觀中國正宗儒家對於性的規定，大體可分兩路：

㈠中庸、易傳所代表的一路，中心在「天命之謂性」一語。

㈡孟子所代表的一路，中心思想爲「仁義內在」，即心說性。

孟子堅主仁義內在於人心，可謂「即心見性」，即就心來說性。心就是具有仁、義、禮、智四端的心。這一思路可稱爲「道德的進路」（Moral approach）。中庸、易傳代表的一路不從仁義內在的道德心講，而是從天命、天道的下貫講。這一思路的開始已與孟子的不同，但是它的終結可與孟子一路的終結相會合。它可以稱爲「宇宙論的進路」（Cosmological approach）。這一講先說明這一路。

「天命」，表面上可有兩種講法。第一種講法認爲天命等於「天定如此」。這樣，「天命之謂性」表示性是定然的、無條件的（Uncoditional）、先天的、固有的（Intrinsic,Innate）。總之，它只直接就人說明了性的先天性，完全不管性的後面有沒有來源。這種說法顯然不能盡「天命之謂性」一語的全蘊，亦不合古人說此語的涵義。如要盡其全蘊，必須不止說性的定然，而要作進一步的理解，從性的來源著眼。如此，對「天命」一詞當有深一層的講法，即第二種講法。

在這第二種講法裡，首先要問一個問題：「天命」，在上的天是怎樣的命法？一、是人格神意義的天，命給人以如此這般之性。這好像皇帝下一道命令給你，你就有了這命令所定的職分了。這種命是宗教式的命法。人也可以常簡單地如此說。二、是「天命流行」之命，並不是天拿一個東西給你，而是「生物不測」的天以其創造之眞幾流到你那裡便是命到你那裡，命到你那裡便就是你之性。此是宇宙論式的命法。在儒家這兩種命法常相通，而總是歸結於第二種。

以前解釋中庸後半段的時候，已說明中庸如何由「誠」將天命、天道轉化爲形上的實體，轉爲創造原理或生化原理。此形上的實體怎樣落於不同的個體而形成不同個體的性呢？這是一個必然產生而且必須解決的關鍵性的問題。從此問題的產生已可知對「天命」的第一種講法，「天定如此」的講法是不徹底的。徹底的講法必須上通天的創化原理或生化原理。天命純是一條生化之流。這由「維天之命，於穆不已」，即可看到。因此，宋儒有「天命流行」的老話。流行不息的天命流到個體X的時候，便形成X之性。流到Y的時候，便成爲Y之性。「於穆不已」的天命永遠流行，永遠在生化創造。而眞實的創造之幾流到我的生命，便形成我的性。從此可見「性」之宇宙論的根源。就個體說，每一個雖然不同於其他，然而，一切個體的性來自天的創造眞幾。這是同一的。此性不是個體所具有的個別的性，而是同源於天的創造之流之創造眞幾、生命眞幾之性。因此它是具普遍性（Universality）的。自然科學所論的性絕不是這種普遍性的，而是由生物本能、生理慾望、心理情緒諸方面所觀察的脾性、個性、或者是「類（Class）不同」之性。如說人與犬馬不同類，則人類的性不同於犬馬類的性。總之，自然科學所談的性，是從自然生命所表現的特徵描述簡括而成的。自然生命的種種特徵極爲多姿多采。它包括脾氣、氣質、傾向、身體生理結構等，這些都是孿生子所不能盡同的，孔子與孟子之間亦不同。中庸「天命之謂性」全非科學知識上

「類不同」之性，亦非定義之性。只是從生命看出創造的眞幾，從創造的眞幾了解人的性，了解人的眞實生命。從創造眞幾著眼，不能說是「虛玄」。因爲我們大可認爲生命之具創造眞幾，確爲一件事實。然則，應該從那裡了解生命的創造性呢？

首先，人的確可以掌握自己的生命，從而創造自己的命運與人格。其次，從反面說：人還可隨時放棄或撤消自己的生命。人生下來，什麼都不是，爲聖爲賢，爲豪爲傑，皆由自己努力做去，即是憑自己去創造。人又能放棄自己的生命。最顯然的例，就是人能自殺。自殺雖不好，但確能表示人能提起來，駕臨於他的自然生命以上，而由自己操縱之。他能肯定之，亦能否定之。這表示人能掌握形而下的生命，使它獲得美好之進展，亦可使它毀滅。但是動物卻不能夠自動撤消它自己的生命，便是因爲動物沒有創造性。西方人所言的意志自由（Freedom of will）或者自由意志（Free will），正相當於中國人所言的創造性。不過中國人簡單地只說「性」一字，字面上不能看清其涵義。其實這「性」的意義一旦落實，其特徵或具體涵義首先是可由西人所言的自由意志去了解的。因此，自由意志也可說成生化的原理，或者創造的眞幾。人能撤消自己的生命，足以表示人確有自由意志（自由意志爲一道德觀念）。中國儒家從天命天道說性，即首先看到宇宙背後是一「天命流行」之體，是一創造之大生命，故即以此創造之眞幾爲性，而謂「天命之謂性」也。

上述對「天命之謂性」的解說，可以切合中庸的原意。然而萬物既然均由宇宙的生化大流所創造，有生命的一草一木以至無生命的一瓦一石，可否亦如人一樣，以天命爲性呢？人與萬物既然均由生化原理所創造，我們在此可以說人與萬物是同一本體的。由此可了解「人物同體」一語。然而「同體」是一層意思，而由同體說到「性」，則又是一層意思。衡之以「天命之謂性」一語，似乎既同體，即涵著同以所同之體爲性。因爲天命流行，不只是流到（命到）人，亦流到物。但是從性方面講，又有所謂「人禽之辨」一問題的出現。這辨是辨在何處呢？人可以吸收創造本體到自己的生命中作爲自己的性，但是禽獸（「禽」之義可不只是禽獸，而廣至一切動物）卻不能攝取天地的創造本體而爲其自己之性。這就是問題的關鍵所在。如果動物眞能進展至能作這樣的吸收，那麼牠們雖在生物科學的分類裡，其形體結構雖不同於人，它們之間亦各自不同，然而它們亦可以創造之體爲其自己之性。它們同樣是可珍貴的，同樣能創造其自己之命運。可是今日在事實上，只有人類能夠作如此的吸收，那麼應該怎樣了解人以外的生物與無生物的「性」呢？更徹底的問題應是：人以外的萬物，可否具有性呢？

我們可以這樣回答：人性有雙重意義（Double meaning）。上層的人性指創造之眞幾，下層的人性指「類不同」的性。正宗儒家如孔孟中庸均不從「類不同」的性立論，只有告子、荀子、王充等所代表的另一路才可涵有此義。人以外的物體只有「類不同」的性。如從動物看，最令人注意的是本能。剋就本能說，人遠不如動物。然而本能並不珍貴，它是盲目的、機械的（Machanical），不能主宰掌握其自己的生命，即無自由意志。如從無生命的物體而言，瓦石之性，在物理學上言之，僅爲一墮性（Inertia），爲一物理上的概念（Physical concept）。本能與墮性均代表「物質之結構」（Material Structure），可稱爲「結構之性」。禽獸、草木、瓦石均無創造性之性，換句話說，它們的性不如人之有雙重意義，而只有下層的意義。可見「天地萬物人爲貴」。人如墮落而喪失創造性之性，在正宗儒家眼中，是與禽獸無異；另一方面，假如人以外的任一物突變而能吸收宇宙的創造性爲性，那麼它亦甚可貴。

「與禽獸無異」是一個價值判斷。只是說他喪失了他的創造眞幾之性，他的道德意義價值之性。此時他只有結構之性。而結構之性亦即是「類不同」之性，他仍然與草木瓦石各爲不同類。故「與禽獸無異」是一價值判斷，這表示說，與禽獸瓦石同爲物質結構之墮性。而仍各有「類不同」之性，則只表示其物質結構以及隨此結構而來之事實特徵有不同而已。故「類不同」之性，是事實命題，而創造眞幾之性則是價值意義之性。人有此雙重意義之性，而動物及其他則只有一層意義之性。試看下圖：

↓〔X＝人；↓〔C＝物

矢頭表示創造眞幾之性，括弧表示結構之性，類不同之性。在人處，天命流行之體能內在於括弧內，直貫下來，而爲其自己之創造眞幾之性。同時亦復有括弧所表示之類不同之性。而在物處，則天命流行之體不能內在於括弧內，不能直貫於其個體之內而爲其自己之創造眞幾之性，故只剩下括弧所表示的結構之性，類不同之性。然則，人物同體，在物處，體只是外在地爲其體，不能吸收此體復爲其自己之性。而在人處，則既外在地爲其體，復內在地爲其體，故復能吸收此體以爲其自己之性。正宗儒家都是從矢頭處說性，不是從括弧處說性。故其所說之性皆非結構之性，「類不同」之性。而人禽之辨是價值不同，不是「類不同」

之不同。

從矢頭處說性，則性雖就個體立名，然就其根源處之爲「體」言，則是普遍的（妙萬物而爲言），亦是一而非多，是同而非異。個體雖多爲異，然此性卻不因其多而爲多，因其異而爲異。它只是一，只是同。「月印萬川」，實只有一個月亮，並無萬個月亮。因此，此性既非結構之性，類不同之性，當然亦非定義中之性。定義中之性，是一個知識概念，而此性卻是一個價值概念。從此性說人禽之辨，見人之所以爲人的「本質」，此「本質」是價值意義的本質，並不是定義中的性之爲本質。此本質是矢頭所表示的實現之理（創造眞幾）之爲本質，而不是括弧所表示的結構之理（實然的知識概念之理）之爲本質。

結構之性，類不同之性，可否也講出一個宇宙論的根源？當然可以。此就是陰陽五行之氣化。天命流行，乾道變化，不離陰陽五行，可也不就是陰陽五行。如果只從陰陽五行之氣化來說結構之性，則結構之性似乎也可以說是「天命之謂性」。莊子知北遊篇所謂「性命非汝有，是天地之委順也」，似乎就是只從天地氣化來說委順之性，這也似乎就是「天命之謂性」了。然而在儒家，根據天命、天道下貫而爲性，這一老傳統，而說的「天命之爲性」，卻不是祇就氣化委下來而說的「性」。這個性當然是偏重「道」方面說的，偏重「天命流行之體」、創造眞幾方面說的。此是道邊事、神邊事，不是氣邊事。此是道之一、神之一，而不是氣之多。此決不可誤會。我們可以說，從氣化提起來，而說寂感眞幾、說天命流行、說天命流行而爲性，那便是中庸所謂「天命之謂性」了。至於順氣化沈下來而說「天地之委形，天地之委和，天地之委順」(莊子知北遊)，那當該是結構之性，類不同之性，它是自然生命的了。「天命之謂性」，決不可從這一面說。因爲這祇是「氣命」，並不是「天命」。氣命之性即是氣的結聚之性。告子「生之謂性」，也當該是這種氣的結聚之性。後來王充所謂「用氣爲性，性成命定」(論衡無形篇)，便完全講的是這「氣命」之性了。但是「天命」之性，無論如何，卻總是道邊事(故曰率性之謂道)，總是一種超越意義之性，價值意義之性。易經乾象：「乾道變化，各正性命」。也就是貞定這種性。易繫辭傳：「一陰一陽之謂道，繼之者善也，成之者性也」。也就是成的這種性。易說卦傳：「窮理盡性以至於命」。也是盡的這種性。大戴禮記：「分於道謂之命，形於一謂之性」(本命篇)。這尤其顯然是「天命之謂性」之最佳的另一種表示。凡這些語句，皆與「維天之命，於穆不已」，「民受天地之中以生，所謂命也」，爲同一思理中的語句，皆表示「天、天命、天道下貫而爲性」這一老傳統。這一老傳統中的「性」皆不可說成材質主義的氣命之性。此即是儒家從天道處說下來的「道德理想主義」之色彩。這色彩決不可隨便抹掉。儒家的尊嚴以及其所以爲正宗處，完全靠這一傳統中的「客觀性原則」來提挈、來綱維。當然孔孟別開生面，由仁智聖及性善開出「主觀性原則」，其價值尤大，它可以定住那老傳統中的綱維於不墜，不至墜落而爲「氣命」。如果沒有一種眞實的道德生命與超越感，那墜落是很容易有的。這也好像如果沒有耶穌，那上帝也是很容易墜落的。上帝的光輝是放不出來的。

第九講　對於「性」之規定(二)孟子一路

對於性之規定的第一路，是從天命、天道的傳統觀念開始，而以中庸「天命之謂性」爲總結。這是繞到外面而立論的，其中所謂性簡直就是創造性，或者創造的眞機。但這似乎很抽象。於此，人們可以問：這個性的具體內容是什麼呢？我們是否可以直接肯定它就是善呢？我們在上講裡，常提到它總是超越意義的性、價值意義的性。如此，它似乎是善的，它有道德的涵義。然它這個道德的涵義，似乎尚不能從它自身來證明。如此似乎尚不可以直接地肯定它就是善的；如果一定要賦予此「性」一個「道德的涵義」（Moral implication）——善，充其量僅可認爲是一種默許，絕不能直接地說它就是「道德（上）的善」（Moral good）。假如須要對性作深入的了解，那麼我們不應容許自己滿足於「創造性」這個抽象的說法，而應直接認爲道德的善就在性之中，或者說性就是道德的善本身。孟子便走這路去規定性。

首先，孟子把性視爲「道德的善」本身；其次，他視性爲「道德性」（Morality）之性，即直接從人的內在道德性說性。根據以上兩點可以證實（Verify）第一路所言的「創造性」即是「道德的創造性」（Moral Creativity），不是「生物學（上）的或自然生命的創造性」（Biological creativity）。後者的典型就是藝術天才的創造力。這種創造性根源於生物的生命，原始的自然生命。藝術天才的自然的（Natural）生物生命（Biological life）具有強烈的潛力。潛力等到適當的時機，自然會放射出來，構成偉大的藝術創作。譬如說「李白斗酒詩百篇」，天才的詩人受了好酒的觸發，於是拚發了潛在的生命力，隨手寫出好的詩歌。然而，詩仙的創造性亦不外生物生命的創造性而已，並無道德的含義，亦無道德的自覺。具有道德含義的生命必然屬於精神方面，是精神生命（Spiritual life），不是原始的自然生命。例如耶教所言上帝的創造性，亦是屬於精神方面的。耶穌所說「我就是道路、眞理、生命」中的生命當然也是精神生命。中庸、易傳所代表的對於性的規定的第一路，雖被賦予以道德的涵義，但是究竟不能說就是「道德的善」本身，便是因爲道德的善不能從上帝或天命、天道處講。中國古代的「道德」觀念從天命、天道而來，正如西方的道德觀念從宗教上的神或上帝而來（即道德基於宗教）。可知中西方道德的原始形態，均依賴超越方面的天或神。可是道德的非原始形態，必須直就道德說道德，道德必須有其自身的建立處，不能繞出去從外面建立。從外面建立，道德本身不能自足。因而，其本身不能有清楚的意義。所以必須轉到重視內在的講法，建立「道德的善本身」之善以及「道德性本身」之性。

「道德的善本身」通過什麼才能被肯認呢？必先通過內在的「道德意識」（Moral consciousness）才可顯露道德上的善與不善，換句話說：道德的善本身必由道德意識發出，亦即是說：道德的善不能離開主觀方面的道德意識。人類一方面有罪惡感（Sense of sin or guilt）、，另一方面又有道德意識，使人受罪惡感的折磨，不安於陷溺於罪惡的深淵，而要從罪惡的深淵爬出，故此道德的善是針對罪惡意識而顯的。通過主觀方面的道德意識，對罪惡才可有清楚的感受，由清楚的感受，才可有清楚的概念（Clear concept of sin）。如此，才可再了解道德的善，對道德善本身亦有清楚的概念。牧師對人說人皆有原罪，並不能引發人的罪惡感。原罪的說法是抽象的、憑空的、毫不眞切的。如要原罪的觀念對人由抽象憑空而轉爲具體眞切，必須有待於人的親身感受，這感受當然與上帝無關。通過親身的感受，引發了道德意識，才可對道德的善與罪惡有一個清徹的概念。有些人天天大談道德與宗教，好話的確說盡了，可惜他們壞事也做盡，淪落至無惡不作，便是由於缺乏對罪惡的親身體驗，而罪惡感的缺乏正因其道德意識的缺乏。

罪惡感既然如此重要，然則什麼是罪惡呢？罪惡不是客觀的實在物（Subjective being）。宇宙萬物從客觀方面看，本無罪惡可言。所謂罪惡，純粹是由道德意識中的道德的善映照（Reflect）出來的。例如說謊言，從客觀言之，不過是唇舌喉等的一種活動；又如偷盜，從客觀言之，僅爲對物體存在空間所作的轉移。如此，說謊與偷盜均不可謂惡。然而，經過道德意識中道德的善的映照，才眞感覺到說謊不祇是唇舌喉的活動，而確是一種罪惡，偷竊亦不祇是一件東西之空間轉移，而確是一可恥的行爲。可見罪惡不是「正面的存有」（Positive being），而是經過道德意識的映照才呈現於人心的。因此，它也是很具體的。祇有在此情形下，罪惡才是一清楚的概念。

道德意識不但能映照罪惡，即使宗教上的神之爲至善，亦須人心中的道德意識之道德善去證實。神（上帝）本來是絕對的存在，是超善惡的，是不可能被人間任何形容詞所描繪的，但是人仍說上帝是善。超善惡的上帝必然是至善的。然而，上帝的至善也必賴人類主觀方面的道德意識中之「道德的善本身」去證實。正如王陽明四句教首句所言的「無善無惡心之體」，心之體無善無惡，即是超善惡的對待相，故爲絕對之至善，此至善亦須人的道德意識去證實。在陽明，即是由「知善知惡」的良知之爲至善去證實心之體之爲至善。至此，我們明白爲甚麼「善」非從道德意識講不可。孟子即從道德意識建立他的性善論，開出規定「性」的第二路。認清這路之後，使人更覺得第一路所說的性之有道德的涵義，亦祇是默許之涵義而已。它實是由人的道德意識放射出的。人們不反省此道德意識中道德的善之當身，而卻指手畫腳去說神的善，天命的善，這也是百姓日用而不知，而卻祇知那影子。

以上說明了道德的善的本身，這裡繼續說的是作爲「道德性」的性。道德性的性亦只能直接從人的道德意識建立，不能從上帝或天道處建立。然則人之內在道德性之性從那裡去了解呢？人皆有不安於下墮而致淪落的本性，不安於下墮於罪的本性便是道德性。孟子眼看出人類這個特徵，確是難得。不安於罪表示從罪中躍起的心願與能力，這心願與能力可以說就是創造的力量，從此才可了解人的創造性與理想性。生物生命的創造性只是機械的（Mechanical），唯有精神方面道德方面的創造性才可算是眞正的創造性（Real creativity）。它是屬於精神的，所以它又代表理想性（Ideality）。理想的最後根源必是這創造性。這樣的理想性才是「眞正的理想性」（Real ideality）。世人慣說的理想只是對未來的希求，只從未來未實現處說理想。毫不知理想是從不安於罪惡中躍起的心願這個根源上說。如只是從未來未實現處說，則凡升官發財之類皆可說爲理想。其實這不從內在道德性之根發，故不可說是理想，只可說是對未來的私欲或欲望。硬說它是理想就是導人入邪路（Misleading）的了。創造性可謂（道德）價值之源，由此可知。孟子爲了了解與定住「天命之謂性」的性之眞實意義，直接從道德意識論性，使性之意義不再含糊不清（Obscure）或引人入邪。而通過主觀的道德意識來了解並且定住性的全幅意義，正好比耶教中人教人通過耶穌了解並且定住上帝的全部內容一樣。我們說「天命之謂性」那個性是創造的眞幾，現在我們由孟子的內在道德性之創造性來證實並定住這創造眞幾就是道德性的創造眞幾，證實並定住它的道德涵義是不可移。

孟子承接孔子的仁、智、聖三個觀念，仁智聖都是主觀性原則（參考第七講）所統屬的。聖又是踐仁的最高境界，故孔子的中心思想在「仁」一字。孔子一生做的就是踐仁的工夫，孔子的生命直是踐仁的生命，仁是一切德性所從出，是眞正生命的代表。孔子說仁已包含著智。且已包含著恭敬忠、恭寬信敏惠。故說仁是一切德性之所從出，孟子即由此仁心之全而說人之性，人之所以爲人之理，眞幾。這樣說性，意義最大的，便是孟子直接表達道德意識。（道德意識雖爲近代名詞，但可恰當地去解釋古意）。這道德意識即指「道德的心」（Moral mind）說。孔子論語中未曾有「心」字。「心」的概念是首先由孟子創出的。其實是自然就可從仁轉出的。孟子對人的道德心。分四方面即「四端」去了解（見孟子公孫丑）：

(一)惻隱之心，即不忍人之心。孟子說：「人皆有不忍人之心……所以謂人皆有不忍人之心者，今人乍見孺子將入於井，皆有怵惕惻隱之心，非所以內交於孺子之父母也，非所以要譽於鄉黨朋友也，非惡其聲而然也。由是觀之，無惻隱之心，非人也。……惻隱之心，仁之端也」。用今日的話說：惻隱之心的引發是由於道德的感受。

(二)羞惡之心。孟子說：「無羞惡之心，非人也。……羞惡之心，義之端也」。羞惡之心是由憎惡罪惡而起。

㈢辭讓之心，或作「恭敬之心」。孟子說：「無辭讓之心，非人也。……辭讓之心，禮之端也」。辭讓之心或恭敬之心也都是眞正內發的，不是虛僞的。孔子說：「人而不仁，如禮何？人而不仁，如樂何」？便是這個道理。

㈣是非之心。孟子說：「無是非之心，非人也。……是非之心，智之端也」。智有兩方面的意義，即知識方面與道德方面的意義。中國傳統思想中的「智」的觀念是屬於道德方面是非判斷的智。是非即道德上的善惡，引發是非之心就是從心表現道德性。

孟子一路何以可與中庸、易傳一路合在一起呢？兩路原來已有默契：「根源於「天命之性」，而「天命之性」亦須從「道德性」了解、印證和貞定。說兩路非合不可，又有什麼根據呢？這根據很著名，即是孟子盡心章所云：「盡其心者，知其性也；知其性，則知天矣」。盡怎樣的心？當然是道德的心；充分實現（盡）道德的心，才可了解天的創造性，證實天之爲創造眞幾義。孟子亦說：「誠者，天之道也。思誠者，人之道也。至誠而不動者，未之有也。不誠，未有能動者也」。這已和中庸說誠完全相同。「思誠」即中庸之「誠之」。

「動」即中庸之形、著、明、動、變、化。「思誠」亦「盡心」之義。心量無限，心德無盡。「苟能充之，足以保四海」。「上下與天地同流」，「萬物皆備於我」。此即足以知天，證實天命於穆不已，證實天道爲一創造之眞幾。盡心知性雖未能把握天命、天道的全幅奧秘，但至少可以證實並定住其道德涵義，證實並定住其爲創造之眞幾。並最低限度可以獲得一個管窺天道的通孔，通過這個孔道至少可與天道取得一個默契。知天的知不是科學性的積極的知識（Positive knowledge），而是以盡心爲根據的默契，此是消極意義的知識（Negative knowledge）。孔子五十始知天命，意味著孔子做盡心知性的踐仁工夫，至五十歲才遙遙地與天取得默契。可是究竟是默契而已，天道永遠不能好像科學知識一樣的被人全盤掌握，天道永遠是玄妙深奧不可測的。可是默契所表示的是生命之全部滲透於天道，這也就是盡其奧秘，但卻不是測度之知。天道只可契（玄合）而不可測，只可盡而不可度。是以中國社會流行的占卜，如源出道家或陰陽家的術數之學，甚至宋儒邵康節的學術，都被許多人相信可以預測未來。然而在儒家心中，對天命、天道應予敬畏，不可隨便亂測。否則「窺破天機」是不祥的。因爲「天機不可洩漏」。「窺破」、「洩漏」天機等於偷竊天機，是盜賊的行爲。

故禮記經解篇云：「易之失賊」。嚴格地說，術數之學不能把握天道。如說天機可以洩漏，可以把握，那就等於降低了道德意識。儒家主張對天道的遙遙默契，有極強烈的道德意識在。這個道理在古時中國是很易爲人了解的，但在今日卻正爲肆無忌憚的墮落所埋沒了。

了解孟子的性善說，才可了解並從而建立人的「眞實主體性」（Real subjectivity）。中國儒家正宗爲孔孟，故此中國思想大傳統的中心落在主體性的重視，亦因此中國學術思想可大約地稱爲「心性之學」。此「心」代表「道德的主體性」（Moral subjectivity），它堂堂正正地站起來，人才可以堂堂正正地站起來。人站起來，其他一切才可隨之站起來，人不能站起來，那麼一切科學、道德、宗教、藝術，總之，一切文化都無價值。這是中國思想的核心，所以孟子是心性之學的正宗。宋明儒中的周、程、張、朱一路大體不是順孟子一路而來，而是順易傳、中庸一路而來。陸王一系才眞正順孟子一路而來。可知程朱、陸王分別承接了古代對性規定不同的兩路。離開這兩路的當然不是中國的正宗思想了。

如告子說「生之謂性」，只看到人的自然生命；荀子雖爲儒家，但他的性惡說只觸及人性中的動物層，是偏至而不中肯的學說；西漢董仲舒把春秋戰國所有的自然生命轉到「氣」處言，也是偏至而不中肯；東漢王充主「用氣為性，性成命定」之說，亦講「氣性」，始創了中國的定命論；至三國劉劭的「人物志」，更從「氣性」轉到「才性」。以上五人是中國心性之學的旁支之五個最重要的代表。這條旁支經過上述五大步的發展，對心性之學的正統起著補足輔翼的作用，因此亦有不可忽略的價值，儘管其價值遠遜於正宗思想的價值。至宋代，這旁支所言的性一一歸結於程朱之流所論的「氣質之性」，而孟子與易傳、中庸所論的性則歸結於宋儒所說的「義理之性」或者「天地之性」。至此，中國的心性之學，已獲得最具概括性的總結。其他論性的思想者，如揚雄、劉向、陸賈、韓愈等，只不過是心性之學旁支的旁支而已。

第十講　復性的工夫

我們以上二講所論者乃對性之規定，主要係自正宗儒家的兩路說：一、自老傳統天命天道的觀念，至中庸「天命之謂性」一語爲結集係一路；二、自孟子本孔子仁智的觀念以言即心見性之性善說爲一路。此外，我們還提到從自然生命言性，即自「生之謂性」一路言性，此路始自告子，經荀子、董仲舒、王充，而發展至劉劭「人物志」之言才性。這可說是第三路。我們以上只就前兩路說。此最後一路，並未多講，只簡單地提到。

中國學術史上之論性，至宋儒始將中庸與孟子所言之性綜言之爲：天地之性與義理之性；而以告子、荀子、董仲舒、王充、劉劭等自自然生命言性者融和之轉化而爲氣質之性。所謂氣質之性乃係自天地之性或義理之性作道德實踐時所引出者。道德實踐，積極地講，是在實現天地之性或義理之性，消極地講，即在變化人之氣質。宋明儒者言變化氣質，不能不正視性之兩面。換言之，即變化氣質必以天地之性爲標準而言變化。若無此標準，則變化氣質之意義與價值便不可說。而同時亦正視性之陷於或限於氣質中，故必變化之以暢通天地之性。所謂氣質之性，依朱子的解析，即是天地之性之落於氣質中。天地之性是性之本然，是就性之自身說。氣質之性則是就有生以後，性之落於氣質中說。故氣質之性即是氣質裡邊的性。只是一性，而有兩面說：抽象地說與具體地說。就性之自身說，是抽象地說。就性之落於氣質說，是具體地說。如此，「氣質之性」中之「之」字與「天地之性」中之「之」字，意義不一樣。如一樣，則是說的兩種性，而不是一性之兩面說。說兩種性，本來未嘗不可。如是兩種性，則「氣質之性」是就人所稟受之氣質之或剛或柔、或清或濁、或厚或薄、或特別聰明（上智）、或特別愚笨（下愚）、或宜於此而不宜於彼、等等，而說一種性。此即普通所謂脾性。而董仲舒、王充所說之「氣性」，以及「人物志」所說之「才性」，亦都是這種性。但是朱子所說的「氣質之性」，則不是就此氣質本身而說一種性——氣性或才性。清濁厚薄只是氣質，而「氣質之性」則是說的這清濁厚薄之氣質裡的性。故性只是一而兩面說。說兩種性與一性之兩面說，本亦可以相融而不必有衝突。但朱子卻並未就這氣質本身而建立一種性。他只正視這氣質對於「義理之性」之限制。天地之性或義理之性是同而一，但因氣質之限制而有了差別。性在氣質裡邊有一點表現，也在氣質裡面受了限制。此即是朱子所說的「氣質之性」，不就是漢儒所說的氣性、才性，但可以說是從那裡轉化來。天地之性既是同而一，因氣質之限制而有差別，則可見差別是在氣質處。氣質是個個不同的；有剛有柔，有清有濁，有厚有薄，有上智與下愚，有好有不好。此一面，亦不是完全不合道德的。其間有合道德性的，亦有不合道德性的，而道德實踐所欲變化或克服之氣質，即是使合道德性者更順適調暢而得其正，使不合道德性者漸轉化之使之合。

本講所欲言者，乃復性之工夫。所謂復性，即恢復我們之本體性。欲恢復作爲本體之性，即須克服或轉化我們之氣質之不善不正者。我們說性是眞正之主體或眞正之本體，此一主體或本體是遍在於任何人的。「非獨賢者有是心也」，人人皆有之。「賢者能勿喪耳」（孟子語）。此主體亦係我們之眞正的我（Ego）。

我們普通泛說的「我」，可分爲三方面說，即：一、生理的我；二、心理的我；三、思考的我（Thought=Logical Self）。此第三項的我，是抽象的我。所謂抽象的即除去心理的具體情態所剩下的純理智的思考。法哲笛卡兒（Descartes）「我思故我在」一名言中所指的我，即是指抽象的邏輯的我。此上一、二、三項所稱的我，都不是具體而眞實的我。具體而眞實的我，是透過實踐以完成人格所顯現之「道德的自我」。此我是眞正的我即我之眞正的主體。

依儒家義，人人都有此主體。但此主體雖個個人所具有，卻不必皆能全然地表現於其自己個人身上。孔子贊顏淵亦只稱其「三月不違仁」。可見此主體是有時表現，有時不表現，或有時表現得不夠而只有「些許」表現。此所以有不表現或些許表現，而不能全然表現的緣故。乃因個人之私慾（壞的氣質）冒升，致使主體隱伏。氣質之表現爲剛或柔、清或濁、厚或薄，等等，都是氣質之偏的表現。如「清」可表現爲清貴、清明（聰明）之好的一面，但同時亦可表現爲清淺浮薄，此便是不好的一面。即使是清明、清貴而是好的一面，亦常不得其壽。此是特顯清明者之所以每每壽短之故，顏淵、王弼、僧肇即其顯者；象山、陽明亦不及朱子壽長。可見表現爲清者，有好處亦有壞處。濁氣是壞的，但「動濁」亦不全壞。總之，不問清之好或濁之好，其所以爲「好」，亦只是表現一個「偏」，尚未足以與於表現本體之全。而於其表現見爲壞的一面，則更不必言矣。

言工夫，一般人都易以爲始自宋儒。其實孔子要人做仁者，要人踐仁，此「踐仁」即是工夫。孟子道性善，言存養擴充，盡心知性，此所言者，無一不是工夫。又孟子言養浩然之氣，則更是工夫之著者。大學言明明德、言格物、致知、正心、誠意，均是道德實踐的工夫。至於修身、齊家、治國、平天下，更是實踐的工夫。有「實踐」處，便無不有工夫在。中庸言愼獨、致中和——自喜怒哀樂處言致中和，此都是工夫。講五達德、三達道，皆不能違離誠，而誠即是工夫。所謂「誠者自誠，不誠無物」，誠是關鍵之所在，亦即工夫之所在。

宋儒周濂溪、程明道等，雖亦重視工夫，但尚未正式開出工夫的途徑。至伊川「涵養須用敬，進學則在致知」一語出，方是眞正走上工夫之路。（伊川所言之「涵養」，其義係指涵養本體；言「進學」，即是大學之格物窮理）。朱子繼之而言涵養察識，敬貫動靜，工夫尤嚴而密。陸象山要人「先立乎其大者」，要人「尊德性」。其所言之「大者」，即本體，「德性」即孟子所言之心性。象山在宋儒中正是更見大氣磅礡的一位。但亦未開出工夫的途徑。至明儒王陽明本孟子「是非之心，智也」一語，而倡良知說，言致良知。比方是這一系的工夫途徑。劉蕺山取中庸之愼獨，大學之誠意（亦含愼獨），而將孟子之「心性」自「意」處去了解。一般人言意，係指：「意者，心之所發」一義之意。此意乃意念之意（Intention），故人恆據此而言「發心動念」。蕺山不自「心之所發」言意，而言：「意者心之所存」。心之所存，係存之（意）以作主宰義。

象山「尊德性」，「先立乎其大者」，首著重開悟本心。陽明將心轉爲良知，以良知指導人之生活行爲；易言之，必將心轉爲良知，始可連結於人之實際生活。如眼前有黃金萬兩，依良知，此若非我之所有，我之良心自知不當取之；但人之私念，則常是想貪非分之財。此即所謂「有善有惡意之動」。良知駕臨乎意念之上，自知其爲善抑爲惡。故陽明特別提出一個「致」字。唯致良知，始可全心之德、心之理。良知知事之當做與不當做，是人心中之定盤針。人心中有此定盤針，心德之實現才得到保證。蕺山言「意」，此一「意」字，約相當於西哲康德所言之Will（道德意志）一字，不是Intention（意念）一字。此一幾微處，切宜辨別清楚，不可大意輕忽。蕺山言意爲心之所存，貞定以爲眞主，乃是由「好善惡惡意之靜」處見出。蕺山言「有善有惡心之動」。意是超越的眞主宰，此方是眞正的定盤針。「知藏於意」，則良知不至蕩而肆。此是蕺山對於陽明之四句教之重新調整。儒家復性之工夫發展至陽明、蕺山始眞「扣緊道德實踐以成聖」之恰當相應的工夫。爲時間限制，對於宋明諸師工夫之途徑，不能詳講，只簡單地提過。以下我們講講這內聖工夫中的若干涵義。

第一、這種內聖工夫並不是普通所說的「認眞去作事」、「認眞爲社會服務」。而是如友人唐君毅先生所說的「從根上消化那非理性反理性者」，乃是「自覺地求將心性本體實現之於個人自己生命者」。唐先生說西洋文化精神乃是自覺地求表現者，而中國的文化精神則是自覺地求實現者。所謂自覺地求表現，乃是說先從我們的理性上冒出一些理想或觀念，然後再努力去表現這些理想或觀念於客觀事業者。而自覺地求實現，則是求將本有之心性本體實現之於個人自己身上，從根上徹底消化生命中之非理性反理性之成分。唐先生這個分別很好。「自覺地求實現」之工夫即是這裏所謂內聖之工夫。孟子說：「君子所性，雖大行不加，雖窮居不損，分定故也」。又說：「君子所性，仁義禮智根於心。其生色也，睟然見於面，盎於背，施於四體，四體不言而喻」。孟子這幾句話，就是「自覺地求實現」之工夫之最好的表示。大學說：「德潤身」。這「潤」字亦是表示「自覺地求實現」之最美之詞。這是最內在最根源的一種德性工夫。而自覺地求表現者，外表上雖然很積極（因爲向外冒，向前衝），在成果上雖然有外效，然而在這根源處卻常是不回頭的，不清徹的，糊塗而混沌的，蒼涼而闇淡的。他們從不向這本源處用心，也從不了解這種本準上的工夫。他們是求之於功效成果的，以功效成果決定一切。他們明於外而昧於內，始乎陽而卒乎陰，皆不免如濟慈之夜鶯嘔血以死。這是英雄型的積極精神，而不是聖賢型的積極精神。「自覺地求表現」者尚不足以語於內聖之工夫，至於平常之「認眞去作事」，「認眞爲社會服務」，尤不足以當這內聖之工夫。「去作事」、「爲社會服務」，這表示是實踐，不是空言。「認眞」，這表示好好作：一、處理的好，這是智；二、處理的合道德，不背規矩、法律、道德，這是德。如此，這豈不是聖人的實踐了？誠然，這已經算很好。但這尚不是內聖的工夫。當然，作內聖的工夫的人亦並非「不認眞去作事」。但不只是這「認眞去作事」。人當然要作事，不管是大事，或是小事。作事，亦當然要認眞。這皆是不成問題的，自不待言。光只是「認眞去作事」，或光只是本上帝的意旨「去爲社會服務」，這並不表示眞能清徹生命之渣滓，亦不表示眞能作「從根上消化生命中之非理性反理性的成分」之工夫。亦並不眞能開出生命之源、價值之源、理想之源。光只是祈禱上帝加恩，上帝赦免，上帝助我，上帝救我，這並無助於自己生命之清徹。這雖不無刺激提醒之切，在祈禱中，有懺悔的心理，內心之明無形中也透露了一點，但因情之外逐，一切求之於上帝，不能回鑒反照，自己生命仍然是幽昧混沌。不能回過頭來正視那內心之明，求有以徹底實現之，則對於道德之善並無清楚的意識，對於罪惡亦並無清楚而具體的觀念，因而亦並不肯自己負責作那「從根上澈底消化那生命中之非理性反理性的成分」之工夫。祈禱並不眞能代表或代替這種內聖的工夫。這工夫是眞要自己去作的：先在懺悔中正視那知是知非的內心之明——那超越的內心之明，步步彰顯之。先在這裡定住，不可轉眼間又滑到上帝那裏去，把這內心之明又堵回去了，弄糊塗了。此時最好先把那上帝忘掉。如是，才能把那無形中露出的一點內心之明予以正視，變成自覺的。否則，那只是不自覺地帶出，又不自覺地隱沒，而不知其重要，而自己生命又復歸於混沌了。在正視內心之明而步步彰顯中，即步步照射出罪惡的具體意義。步步照射之，即步步予以消化之。內心之明是「性海」。在步步彰顯中，即是「自覺地求實現」之過程，同時亦即是「從根上澈底消化罪惡」之過程。此之謂內聖之工夫，生命清澈之工夫。

朱子說：「大學格物知至處，便是凡聖之關。物未格，知未至，如何殺，也是凡人。須是物格知致，方能循循不已，而入於聖賢之域。縱有敏鈍遲速之不同，頭勢也都自向那邊去了。今物未格，知未至，雖是要過那邊去，頭勢只在這邊。如門之有限，猶未過得在。……某嘗謂物格知至後，雖有不善，亦是白地上黑點。物未格，知未至，縱有善，也只是黑地上白點」。又說：「格物是夢覺關，誠意是善惡關」。（「朱子語類」卷第十五）。這是朱子自格物窮理，致知誠意，以言內聖之工夫。朱子之系統，就內聖工夫言。雖不無可批評處，然畢竟亦是內聖工夫之重要部分。故說「格物是夢覺關，誠意是善惡關」。總之是聖凡分別關。故云「物格知至後，雖有不善，亦是白地上黑點。物未格，知未至，縱有善，也只是黑地上白點。」「黑地上白點」，即是生命幽昧混沌，根本是在夢中。「如何殺，也只是凡人」。此即上面所說，光只認眞去作事，並不表示眞能清澈生命之渣滓。內聖的工夫即是先要使我們的生命變成「白地」，此即所謂「覺」也。

第二、這內聖的工夫是以成聖爲終極。故所言之性，無論是孟子一路所規定的，或是中庸易傳一路所規定的，都是聖性，一如佛教之言佛性。所謂聖性，不是聖人之性，而是成聖之性。如說爲聖人之性，人易誤會這性單是屬於聖人的。其實不然。這成聖之性是人人都有的。聖性即是成聖的先天根據。孟子從心講性，便說：「非獨賢者有是心也。人皆有之。賢者能勿喪耳」。又說：「至於心，獨無所同然乎？心之所同然者何也？謂理也義也。聖人先得我心之所同然耳」。人人皆有可理義之心。「心之所同然」之然是「可」的意思，即肯定也。可理義即悅理義。故云：「理義之悅我心，猶芻豢之悅我口」。理義悅心，故心必可之好之。是即人人皆有好善惡惡之心。故大雅烝民之詩亦云：「民之秉彝，好是懿德」。言好善惡惡是人之常性也。自大學以「如好好色，如惡惡臭」表示意之誠，表示「毋自欺」，劉蕺山即由此轉而言「好善惡惡意之靜」，言意爲心之所存。好善惡惡即是知善知惡。故王陽明即由知善知惡言良知。故知也，意也，皆孟子所言之「心」也。此即人人所具有之先天之常性也。此即是聖性，亦即道德實踐之先天根據也。道德實踐之最高目標在成聖，故此常性即成聖之性也。

順天命天道下貫而爲性，此性亦不單是命給聖人的，是命給一切人的，而且天命流行，生物不測，「乾道變化，各正性命」，此道不單是命給人而爲性，且亦爲萬物之本體。惟自性的立場上說，人以外的物不能吸納此本體以爲其自己之性，故此道只是外在地爲其體，而不能內在地爲其性。天雖命之，而彼不能具有之，故「各正性命」，於萬物處，亦只是在乾道變化中，各正其物質的結構之性，而不能如在人處那樣，復正其道德的創造性之性。此在前第八講中，已經講明。縱然如此，「天所性者，通極於道」，（張橫渠正蒙誠明篇），則此天命之性必有絕對普遍性。性體無外，則此成聖之性必涵蓋一切。聖人即完全體現了這無外之性，故其心量無外，德量無外。聖人如何能體現這無外之性？曰：由踐仁以體現之。仁之感通無限制，故不能有外。故後來程明道云：「仁者與天地萬物爲一體」。踐仁而成仁者即是聖人。即由仁體無外，仁者無外，證實並體現了性體之無外。孟子曰：「大而化之謂聖，聖而不可知之謂神」。易乾文言曰：「夫大人者與天地合其德，與日月合其明，與四時合其序，與鬼神合其吉凶」。此即聖格之規定。因圓果滿，因果不二也。性有外，不得謂之因圓。踐仁而不至與天地萬物爲一體，不得謂之果滿。孟子直從心言性，此心性亦無外。「擴而充之，足以保四海」，無一物之能外。「不擴而充之，不足以事父母」，無一物而非外。因心體無外，故云：「萬物皆備於我矣。反身而誠，樂莫大焉」。陸象山於此有一很好之注腳：「萬物森然於方寸之中。滿心而發，充塞宇宙，無非斯理」。心體無外，故盡心即知此性，知此性則即知天。此亦因圓果滿之大人也。佛教云：「心佛與衆生，是三無差別」。心即如來藏自性清淨心，亦即佛性。佛是體現了此心的衆生，衆生是潛存的佛。心攝一切，佛備一切。因賅果海，果徹因源。成了佛，不增一毫。衆生心亦具一切，不減一毫。故「心佛與衆生，是三無差別」。差別惟在能體現與不能體現耳。王學門下喜言滿街都是聖人。從因地以觀，實是如此。滿街都是聖人，自是潛存的聖人。是以儒家亦可說：心聖與塗人，是三無差別。聖是體現了性的塗人，塗人是潛存的聖人。性體無外，不欠一毫。聖果無外，不增一毫。果之所有，全具於性。性之所具，全現於果。是以因賅果海，果徹因源，因圓果滿，無二無別也。知因圓果滿，則知圓頓之教之所以立。性體無外是圓教。「大而化之」是頓教。（「反身而誠，樂莫大焉」，亦是頓教）。

第三，性體無外，心德無盡。因賅果海，果上是大海，因地亦是大海，此之謂「性海」。復性即是盡性，復要在盡中復。盡性即是盡心，盡性要在盡心中盡。性海無盡，故盡性是一無限過程，也可以說永遠盡不了。依此而言，當無現實的聖人。蓋心德性體並不是一抽象的光板，只待一悟便算復，便算盡。如我現在講這心德性體，亦可以說是悟到了這一個體。諸位順著我的講說，似乎也可以肯認有這麼一會事。但這不能說是復與盡。這只是一個影子，古人說是「光景」。現在亦可以說只是一個概念。縱使認得十分確定，我看也只是一個抽象的光板。這不是那具體的心德性體，也不是那具體的盡與復。具體的盡中復要在具體的生活上表現。這心德性體是要具體地滲透於全部生命中而朗潤出來。孟子說：「君子所性，仁義禮智根於心。其生色也，睟然見於面，盎於背，施於四體，四體不言而喻」。這便是具體的盡與復。心德性體具體地滲透於全部生命中而朗潤出來，便是所謂「生色」。心德性體是要「生色」的。「生色」，方是具體的性體。生色而至於其極──成聖，這象徵著心德性體這一理性的大海全部朗現，同時即表示全部生命朗潤於這大海，徹底澄清，而無一毫之隱曲。此即宋儒所謂全部是「天理流行」。我們必須知理性是一大海，生命亦是一大海。理性大海全部朗現，生命大海徹底澄清，這便是聖。孟子說：「大而化之之謂聖」。「大」是心德性體之全部朗現，擴而充之，至於其極。「化」是無一毫之黏滯、執著、冰結、與限制。這便是聖了。也即是與天地合德，與日月合明，與四時合序，與鬼神合吉凶了。但這樣說聖，可以說是理想的聖，也可以說這是聖之「形式的規定」。然而實際的聖人卻常是有所憾的。中庸說：「群子之道，費而隱。夫婦之愚，可以與知焉。及其至也，雖聖人亦有所不知焉。夫婦之不肖，可以能行焉。及其至也，雖聖人亦有所不能焉。天地之大也，人猶有所憾！」而何況是聖人？實際的聖人，遺憾總是不可免的。而若是實際的聖，而又無遺憾之感，那就不是聖，這實際的生命，便不可以聖去指目。

以上所講只算是復性工夫中開端幾個意思。順此下去，將有許多深義奧義可說。但因時間關係，我們不能再講。這個題目只好暫止於此。

第十一講　中國哲學的未來

中國哲學的中心是所謂儒、釋、道三教。其中儒、道是土生的思想主流，佛教是來自印度。而三教都是「生命的學問」，不是科學技術，而是道德宗教，重點落在人生的方向問題。幾千年來中國的才智之士的全部聰明幾乎都放在這方面。「生命的學問」講人生的方向，是人類最切身的問題，所以客觀一點說，我們絕對不應忽略或者輕視這種學問的價值。中國人「生命的學問」的中心就是心和性，因此可以稱爲心性之學。

三教的發展是源遠而流長，根本未嘗停滯。要說停滯也只可說在明亡以後的滿清三百年。可惜西方的學者大都不明此點，以爲先秦既是中國哲學發展至高峯的時代，那麼這高峯下降至兩漢便是平地，即是說：中國哲學至漢代已停頓不前了。漢代哲學既無甚精采，以後更不用說了。西哲首先作如是觀的是德哲斯賓格勒（Oswald Spengler 1880–1936）。在他震撼世界的名著「西方文化之衰頹」

（一九一八年出版）中，以他首創的文化循環斷滅論，說中國文化生命的黃金時代只是春秋戰國，至於秦漢以後，便以神魂全逝。（參看美人葛達德F. H. Coddand及吉朋斯P. A. Gbbons二人合著的「斯賓格勒之文化論」）。即不持斯賓格勒的文化觀的，也大都以爲中國自秦漢以後，其文化生命已停滯了，並無精采可言。文化生命既停滯，哲學思想自亦無生氣可說。若果眞如此，則二千年來的歷史完全是空白，非歷史的歷史。黑格爾即如此說。他說東方文化是文化的兒童期。他又說東方世界只知一人是自由的。他的論點，不專指哲學言，當然黑格爾亦是不承認中國有哲學的。這是他的專橫鄙陋。這且不言。他的論點是綜持以觀，而重點是落在政治形態上說的，是就政體與法律說的。從這方面總持以觀，當然黑格爾所說並非全無道理。但是從政治形態方面而作的總持與籠罩並不眞能連其中的藝術、文學、道德、宗教、哲學，一起壓縮下去，而統統貶損到停滯無生氣的境地。希臘文化，亦沒有發展到黑格爾所說的日耳曼世界的程度，他說它是青年時期，只代表美的自由。然而希臘哲學確有其高度的成就，有其永恆的價值。它永遠是西方哲學之母。所以哲學自是哲學，一般的政治、法律、社會，自是政治、法律、社會。兩者並不必捲於一起而同其命運。哲學可獨自發展，道德宗教生命的學問亦可獨自發展。佛教是與政治無關的。道家雖有關，然而是消極的。只有儒家向以內聖外王並舉，對於政治是有積極性的。然而他的內聖之學仍有其獨立的問題與獨立的發展：即在外王方面，中國二千年來的政治形態仍然是儒家所痛心疾首、焦苦思慮的問題。雖未能得其暢通之道，然並非停滯混噩，無所用心。即在這方面，中國的文化生命也總是在跳動醞釀的。那裡是如一般人所想像：二千年來完全是停滯無生氣？關於這方面的癥結，以及黑格爾的論點，我曾詳言之於我的「歷史哲學」及「政道與治道」兩書。本講辭不牽涉這方面，只就心性之學這生命的學問說。

我們應當嚴正地指出：明末以前二千多年來中國的三教所代表的文化生命，不但在發展成長的過程中未有停頓，而且高潮迭起。不錯，站在西方哲學的立場，中國哲學似無價值，特別是兩漢以後的哲學，因為中國文化沒有開出科學與民主，似乎比先秦哲學更無價值，更易被人忽視，被人詛咒，但是，這種論調是似是而非的，它的根源在於近人的偏鄙。他們一睜開雙眼，便彷彿除了科學與民主，甚麼都看不見。一切的道德宗教，彷彿都變為隱形的了。其實，科學技術、民主政治的重要，是人所共知的，很少人會愚蠢到認為中國不須要科學與民主。

然而，人類還有其他方面的文化與學問，比科學民主對人類更爲切身的，那就是正視生命的學問，即是上面說過的心性之學。中國人在先秦始創了儒、道兩家的心性之學。兩漢之後，心性之學發展得精采層出。不但先後在魏晉和宋明兩時代分別地把先秦的道家和儒家大大地發展推進，而且在魏晉與宋明之間的南北朝隋唐時代復攝受並且發展了從印度傳入的佛教。三教一直在此起彼伏的狀態中，或在沉靜玄默的醞釀著，或在有聲有色的顯揚著。整個來說，是毫無間斷的，可以說是一個大醞釀，也可以說是一個大顯揚。顯揚是就當代說，醞釀是就未來說。從大醞釀可以說中國哲學是晚成的大器。大器所以晚成，就是由於長期的積蓄與考驗。中國哲學的積蓄是極豐富的，中國哲學所受的考驗是極爲頻繁的。然而，中國哲學長期的大醞釀使人不能不承認它具有一大本事——經得起任何的挫折與苦難。抗日時代一個日本人曾說中國好比一個大海蜇，它的皮厚而韌，刺它一千錐子，它好像無反應。但見它在怒海狂濤之中浮沉翻轉，而它的生命始終未衰。不錯，中國民族具有堅忍不屈的民族性，近代日人領教了，將來必有他人領教。但是堅忍只是中國民族性的一方面，堅忍只在抵抗侵略捱受災難之時顯出，是消極方面的事；而在積極的進取方面，中國民族具有獨特的優點，那就是消納外來思想外來文化的高度融攝能力，從而我們亦可說中國是一個大海綿，彷彿對甚麼都能吸收接受。試看人類的歷史，有那一民族眞能如此？中國二千年來的歷史正好比長江出三峽。彎彎曲曲好像總在鬱悶著。然而實可說是大醞釀。一出三峽，便直通大海了。

明白了中國哲學發展至明末才有停滯，現在讓我們回顧兩漢以後至明亡的中國哲學。首見，魏晉名士的清談，把道家思想發展至極高的境界。雖然魏晉時代政治腐敗，然而在道家玄理的發展史上，可謂黃金時代。名士談玄所顯的精采，爲後世任何年代的人所不能企及。平心而論，道家思想是生命的大智慧。近人向聲背實，以近世功利主義的立場看它，便難免誤以爲它無價值。其實一切人生智慧人生學問都有價值，只因人是人，人要生活，更要生活的方向。魏晉以後的南北朝，在政治上確是糟透了。北朝統治者是胡人，爲夷狄，南朝更爲糜爛。幸而此時期的文化生命並未斷滅。因爲印度傳來了佛教。南北朝整整數百年便是用於對佛教的接受和醞釀，醞釀至隋唐才達到最高峰。從消納佛教，最可看出中國人智慧的精采。功利主義者的心目中，佛教的人生智慧當然無價值。這看法的錯誤，是不待多言的。

魏晉的道家玄理與南北朝隋唐的佛學玄理，是中國玄學中最精采的。魏晉玄學最具代表性的是王弼、向秀、與郭象。王弼死年二十四，而他在玄學上的造詣，在中西哲學史上都極難找得敵手。他所註解的老子道德經，最能切合原意。他所註解的易經，亦有劃時代的價值。他掃清了漢人的象數，獨闢簡潔精微的義理途徑。向秀、郭象的註解莊子，亦獨鑄機軸，大暢玄風。思理既精，文字亦美。南北朝隋唐的佛學玄理方面，首先有講般若的僧肇，他也是年青即逝的哲人。他的傑作「肇論」爲典雅的駢體文，談佛理極爲瑩徹高圓。因此爲它作疏的人甚多。中國佛學的第二個大人物是竺道生。雖然他講的是佛教，但是具有孟子的靈魂。正如孟子在儒家人物中首先提出人人皆有四端之心，皆有良知良能，爲人的成聖成賢發掘了先天的超越的根據，竺道生亦「孤明先發」，在佛學人物中，首先大膽提出了一切衆生皆有佛性，皆可頓悟成佛，爲一切衆生成佛提供了先天的超越的根據，並提供了實現成佛的途徑——頓悟，大開中國佛學圓頓之教之門。僧肇講般若，代表中國佛學般若一系，而竺道生講涅槃，又代表中國佛學涅槃一系。至隋唐，中國人自創了三個極具代表性的佛教宗派——天台、華嚴、禪。天台宗的開山祖是慧思，而大成於智顗，即隋煬帝所賜號曰智者的。智者大師眞了不起，在談心性的智慧方面，在融會消化佛教方面，其學思的地位眞是上上的高才大智。他的「摩訶止觀」眞是皇矣大哉的警策偉構。西方古代的柏拉圖、亞里士多德，中古的聖奧古斯丁、聖多瑪，與及近世的康德、黑格爾之流，在其學術傳統中，都未必能有他這樣的地位與造詣。而且，在修持踐履方面，智者大師又是「安禪而化，位居五品」。當時稱之爲東土小釋迦。可見其境界之高與聲望之隆。西方哲人往往智思精嚴卓特而品德卑陋庸俗。此亦足見東西哲學之不同。華嚴宗的賢首，地位正如天台宗的智顗。他的「華嚴一乘教義分齊章」中言十玄門。即從哲學上講，亦是最高的玄思玄理。這是中國和尚從消化佛經而展開的玄理，並不是印度原有的。這豈不是上上的哲學智慧？西方哲學中自古尚未有此圓融無礙的玄思玄理。然則他們豈不應正視此種哲慧以開展他們的玄理嗎？焉得動輒謂中國無哲學？至禪宗，中國佛學發展至最高峰。禪宗的六祖慧能，便是輝煌奇特的人物。重要的，是他特別著重本心眞切的頓悟。輕視本心以外的文字、偶像與儀式。其直指本心的獨到之處，甚似孟子。因此我們可以說：孟子的靈魂，在中國佛學人物中，先後得到兩次的復甦或再現。第一次是竺道生，第二次就在禪宗的六祖慧能。換句話說：竺道生是孟子靈魂在後世的第一步（次）化身，而慧能是孟子靈魂在後世的第二步（次）化身。總而言之，魏晉南北朝隋唐是中國玄理佛理發展的黃金時代。這種學問與科學民主均無關，而且在西方亦找不出這種學問，難怪西方人忽視或蔑視它。然而不管它的價值如何，起碼我們不能贊同斯賓格勒的說法，因爲東漢末至唐一直是道、佛兩種玄理先後相繼大顯揚的時代，那裡有文化生命停頓之說呢？

佛學發展至唐代的禪宗六祖，已經醞釀爛熟到無可再發展的階段，加上複雜的因素，宋初便有理學的出現。理學被後人稱爲新儒學（Neo-Confucianism）。這是由於它是先秦儒家思想的新闡發之故。理學大家如周、張、程、朱、陸、王等都是第一流的哲學家，與西方的大哲學家相比是毫無遜色的。而且，他們的成就，是超越哲學家的，哲學家的成就只在邏輯的思辨、理智的遊戲（Intellectual play）上顯精采露頭角便夠了。西方哲人大多如此。所以羅素在西方哲學史論叔本華一章裡亦不免衷心一嘆：「除了對動物仁慈之外，很難在他（指叔本華）的生活裏找出任何具有素德的證據……。在其他一切方面，他是完全自私的。一個深切地相信制慾與放棄這種美德的人，竟然從來未有嘗試把自己的信念附諸實行，那是難以相信的事。」（It is hard to find in his life evidences of any virtue except kindness to animals....In all other respects he was completely selfish It is difficult to believe that a man who was profoundly convinced of the virtue of ascetism and resignation would never have made any attempt to embody his convictions in his practice）叔本華的確如此。許多西方哲人私生活的庸俗不下於叔氏。即羅素本人亦不能自外。羅素這話點出了西方哲人品德上的弱點，從而亦可從反面映照出中國聖哲既哲且聖或者中國賢哲既哲且賢的優點。我們可以套用羅素的語言，說：典型的中國哲人，就是畢生嘗試把自己的深切信念貫注入全部行爲的哲人。（All typical Chinese philosophers are philosophers who have been through out their lives attempting to embody their profound convictions in the whole practice）理學家可敬可愛之處在此，儒家人物可敬可愛之處在此，一切聖哲賢哲可敬可愛之處均在此。理學家都具聖賢型的人格，他們除了智慧高之外，還有極爲強烈的道德意識。程朱一系的人物如此，陸王一系的人物亦如此。陸王一系最後一個代表人物劉宗周（蕺山），便是當明亡之際絕食而死的，從而亦可見他們對國家民族的高度責任感。

以上是中國自魏晉至明末學術生命的大概，從此可見三教此起彼伏式的發展使二千多年的文化生命綿延不斷。可惜清代三百年，由於滿族的高壓，學者被迫研究沒有生命沒有血肉的考據學。民族的慧命窒息了，文化的生命隨之衰歇了，二千多年的學統亦亡了。所以清代三百年是中國民族最沒出息的時代。在明亡之時，中國文化在世界上的地位仍很優越，西方在十七世紀以前，無論科學技術、哲學、藝術均不及中國，至少並不高於中國。可是在文藝復興以後，藝術大大地發展了。瓦特（Watt）發明蒸汽機，開出技術科學，掀起工業革命。牛頓以前的西方科學是純理科學，此時又有技術科學的新發展，於是物質生活水平迅速提高。至今西方科學早已取得領導世界的地位。政治方面，有人權運動。宗教方面，有宗教改革。可知十七世紀後的西方在文化各方面，都是突飛猛進，日新月異，是一個開展暢通的時代。反觀中國此時，沉沉昏睡，民族生命歪曲了、衰弱了，逼使考據學得到畸形的發達，而文化生命亦歪曲了、迷失了。因此，在清末西方列強相繼侵略之時，顯得不堪一擊。如今清朝已滅亡了五十年，而民族生命、文化生命，仍在歪曲迷失之中，遂使整個大陸終淪於紅色極權之統治。中國的文化生命民族生命的正當出路是在活轉「生命的學問」以趨近代化的國家之建立。中國第一次面對西方，是在南北朝隋唐時代，面對的是印度的佛教文化。

（對中國說，印度亦可說屬於西方）。而現在第二次面對的是西方的科學、民主、與基督教的文化。科學與民主，尤其是民主，是近代化的國家之所以爲近代化者。我們須本著理性、自由、人格尊嚴的文化生命來實現它。科學，須有求知的眞誠來引發。這兩者雖在歷史上首先出現於西方，然我們之作此，嚴格言之，實無所謂西化，尤其無所謂「全盤」。就算是因它首先出現於西方而屬於西方，亦只算是先進後進之別，我們借鏡它，學習它，仍然是各自作各的本份內的事，不能算是西化。中國人並非沒有科學上的智慧，只是以往沒有向科學的路走。過去走的是正視生命的心性之學一路。此路走得不錯。我們仍可說：求仁得仁，有何怨哉？近代中國人研究科學的成績總不算差，例如李、楊之獲得諾貝爾獎金，可見中國人科學上的智慧並不差。平心而論，中國如果不亡於滿清，那麼依順明末思想家顧、黃、王等人的思想，走儒家健康的文化生命路線，亦未始不可開出科學與民主。中國向來不反對知識的追求，求知的眞誠，尤其不反對自由民主的精神。而這也正是顧、黃、王等人所要本著生命的學問以要求開展出的。可惜明亡了，使人產生無可奈何的一悲感。中國須要科學與民主，但是不可以它們來取代生命學問的地位，正如西方在科學與人權運動之外，還有宗教，這是西方文化最重要的靈感源泉。

基督教傳入了中國幾百年，但不見得能在中國盛行。基督教與中國傳統文化相摩盪了許久，然而它能否如佛教一樣，被中國人作極高度的融攝，那很難說。耶教將來在中國的地位，能否達到如佛教在中國的地位，講者個人認爲是很有問題的。縱使基督教能在中國廣泛傳播或變形，究竟由於民族心態之類的因素，看來它不會取得很高的地位。這問題是很值得正視的。中國以前曾根據傳統的儒、道思想與佛教相摩盪，結果以儒道的智慧心靈吸收並且消化了佛教，今日一樣也可以傳統的儒釋道三教與基督教相摩盪而融化基督教。無論如何，中國傳統的大本，是不可亦不會喪失的。基督教自然有其精采。凡是大的宗教都有其高度的眞理性，亦皆可互相啟發與補助。以前的理學家，由於受佛學的刺激，而對先秦的儒學作出深化的理解，如今的中國文化工作者，當亦可接受耶教的刺激，而對傳統的三教作更深的理解。道德宗教方面如此，哲學方面當亦如此。西方哲學自民初輸入，數十年來不少中國哲學專家對西方哲學已有成就。前言中國人學科學的力量並不弱。同樣，中國人的哲學智慧亦並不亞於任何民族，中國人學西方哲學與邏輯的智力亦並不差。在此，我們看出了中國哲學未來的方向：

㈠根據傳統儒釋道三教的文化生命與耶教相摩盪，重新復活「生命的學問」。

㈡吸收西方的科學、哲學與民主政治，展開智性的領域。就哲學說，西方哲學中柏拉圖、亞里士多德一骨幹，來布尼茲、羅素一骨幹，康德、黑格爾一骨幹，永遠有其哲學眞理上的價值。

可是，科學與民主在任何時任何地都不可能代替道德宗教。中國傳統的三教始終可以再得顯揚。而且很可能由於耶教的刺激摩盪而得嶄新的發展。三教是幾千年來中國人智慧積累而得的大本原、大傳統，它們具有內在的「沛然莫之能禦」的潛力。將來仍會是中國人思想的主流。至於科學與宗教能否相容的問題，也不難答覆。此問題的關鍵在於人類本身，人類須要科學技術來提高物質生活，亦須要道德宗教來提高與安頓精神和心靈。誰也不能否定這點。所以科學與宗教是可以在大致上互不妨礙的，正如今日西方的科學與耶教可以相容，未來的中國社會，亦可讓科學與宗教並行不悖的。假如人類同時須要兩種東西，它們性質形態不同，不能互相代替，那麼，人類除了讓它們以最合理的方式並行，是別無他法的。這除了以民主政治保障信仰的自由外，亦須要有高度融和的哲學智慧來疏通與提撕。此乃爲國謀、爲學術文化謀者所必須應有的器識與容量。那裏有像今日喧嚷科學民主者必欲抹煞一切道德、宗教、哲學、生命的學問，這種蠻橫不講理的衰世怪現象呢？

第十二講　作爲宗教的儒教

——本講是在台南神學院的講辭移此作第十二講

我之所以得在台南神學院討論這個題目，是歸因於荷蘭人賈保羅先生的盛意。去年，我和幾位朋友發表了一篇關於中國文化的宣言，其中有涉及中國的宗教精神處。當時賈保羅先生首先注意及此，且節譯爲英文，期使基督教方面多予以了解。我們所以涉及此點，乃是因爲：依我們的看法，一個文化不能沒有它的最基本的內在心靈。這是創造文化的動力，也是使文化有獨特性的所在。依我們的看法，這動力即是宗教，不管它是甚麼形態。依此，我們可說：文化生命之基本動力當在宗教。了解西方文化不能只通過科學與民主政治來了解，還要通過西方文化之基本動力——基督教來了解。了解中國文化也是同樣，即要通過作爲中國文化之動力之儒教來了解。

一、儒教作爲「日常生活軌道」的意義

儒教若當一宗教來看時，我們首先要問一宗教之責任或作用在那裏。宗教的責任有二：

第一，它須盡日常生活軌道的責任。比如基督教就作爲西方文化中日常生活的軌道，像祈禱、禮拜、婚喪禮節等等。佛教也是同樣的情形，它也可以規定出一套日常生活的軌道，如戒律等是。在中國，儒教之爲日常生活軌道，即禮樂（尤其是祭禮）與五倫等是。關於這一點，儒教是就吉凶嘉軍賓之五禮以及倫常生活之五倫盡其作爲日常生活軌道之責任的。此與基督教及佛教另開日常生活之軌道者不同。作爲中國人的日常生活軌道之五倫，不是孔子所定的，而是由周公制禮所演成的。所以古時候周孔並稱。因爲能制作禮樂，能替人民定倫常及日常生活軌道者，非聖人不能。故禮記樂記篇有云：「作者之謂聖，述者之謂明」。故周公也是聖人。此即古人所說「聖人立教」，「化民成俗」，「爲生民立命」的大德業，這也就是孟子所說的道揆法守。（孟子說：「上無道揆，下無法守，國亡無日矣。」）

聖人非空言，他不是哲學家，凡是聖人立教，依中國傳統的解析，他必須能制作禮樂，故云「作者之謂聖」。即不制作禮樂，亦必須能體道，而不在空言。此即易傳所謂「默而識之，不言而信，存乎德行」。能將道體而履之於自家身心，無言而信，其境界是比空言玄談之哲學家爲高的。故中國認周公的制作是聖人的事業。

禮樂、倫常之爲日常生活的軌道，既是「聖人立教」，又是「化民成俗」，或「爲生民立命」，或又能表示「道揆法守」，故這日常生活軌道，在中國以前傳統的看法，是很鄭重而嚴肅的。所以近人把倫常生活看成是社會學的觀念，或是生物學的觀念，這是錯誤的。因爲此中有其永恆的眞理，永恆的意義。這是一個道德的觀念，非一社會學的觀念。比如父子所成的這一倫，後面實有天理爲根據，因此而成爲天倫，故是道德的、倫理的。嚴格講，天倫只限於父子、兄弟，夫婦並不是天倫，但亦爲一倫。父慈子孝、兄友弟恭，這是天理合當如此的。孔子說：「子之愛親、命也。不可解於心……無所逃於天地之間」（莊子「人間世」引）。夫婦相敬如賓，其中除愛情外，亦有一定的道理，故中庸云：「君子之道造端乎夫婦」。故夫婦也是一倫。師友一倫，代表眞理之互相啟發，此即慧命相續。倫之所以爲倫，皆因後面有一定的道理使它如此，而這一定的道理也不是生物學或社會學的道理。皆是道德的天理一定如此，所以其所成之倫常也都是不變的眞理。聖人制禮盡倫，爲天地立心，爲生民立命，有其嚴肅的意義。周公制禮，因而演變成五倫，孔子就在這裏說明其意義，點醒其價值。故唐朝以前都是周孔並稱。到宋朝因爲特重義理，所以才孔孟並稱。

二、儒教作爲「精神生活之途徑」的意義

儒教能作爲日常生活的軌道，這是盡了其爲教的責任之一面。但教之所以爲教，不只此一面，它還有另一更重要的作用，此即：

第二、宗教能啟發人的精神向上之機，指導精神生活的途逕。耶穌說：「我就是生命，我就是眞理，我就是道路」。「道路」一詞就是指導精神生活之途徑。故耶穌的這句話在這裡有了意義，不是隨便說的。在佛教亦是如此，他們精神生活的途徑在求解脫，要成佛。佛教經典中的理論及修行的方法，都是指點給佛徒一條精神向上之途徑。

儒教也有這方面。周公制體作樂，定日常生活的軌道，孔子在這裡說明其意

義，點醒其價值，就是指導精神生活之途徑。孔子開精神生活之途徑，是不離作爲日常生活軌道的禮樂與五倫的。他從此指點精神生活之途徑，從此開闢精神生活之領域。故程伊川作明道先生行狀云：「盡性至命，必本乎孝弟。窮神知化，由通於禮樂」。但是基督教與佛教卻不就這日常生活軌道開其精神生活的途徑。中國人重倫常，重禮樂教化，故吉凶嘉軍賓都包括在日常生活軌道之內，並沒有在這些軌道之外，另開一個宗教式的日常生活軌道，故無特殊的宗教儀式。

從孔子指點精神生活之途徑方面看，它有兩方面的意義：廣度地講，或從客觀方面講，它能開文運，它是文化創造的動力。在西方基督教也有這意義，故基督教是西方文化的動力。深度地講，或從個人方面講，就是要成聖成賢。此在佛教就是要成佛，在基督教就是要成爲基督徒。（存在主義哲學家契爾克伽德說：「我不敢自居爲基督徒，我只是想如何成爲基督徒。」）故宗教總起來可從兩方面看：一、個人人格的創造，此即要成聖、成賢、成佛、成基督徒。二、歷史文化的創造，此所以有中國文化、印度文化以及西方基督教文化等（文化之特殊性與共通性俱含在內）。現在人只從個人處來了解宗教，這是不全盡的。宗教除個人內心事情外，還有在客觀方面擔負文化創造的責任。

我們說孔子啟發人的精神向上之機，指導精神生活之途徑，此只是初步如此說。但我們當如何起步去做呢？這在孔子也有其基本的教訓，基本的觀念。論語一書在中國已講了二千多年，到底這基本觀念在那裡呢？那幾句話可以代表呢？孔子的基本觀念，總起來只有兩個：一爲仁，二爲性與天道。子貢說：「夫子之文章可得而聞，夫子之言性與天道不可得而聞」。性與天道爲聖人立教，開闢精神生活最基本的觀念。後來宋明儒者即環繞此中心而展開其義理。

三、儒教在「精神生活之途徑」上的基本觀念：仁及「性與天道」

要了解性與天道，須先從仁說起。甚麼是仁？仁的意義是很難把握的。我們可以從兩方面來了解：一、淺講，此即視仁爲德目的意義，即仁義禮智信中之仁。孟子亦仁義禮智四德並舉。這樣，仁即仁愛、愛人。「親親而仁民，仁民而愛物」，都是仁的表現。這似乎比較簡單而粗淺。但德目的意義實不能盡孔子心目中的仁之根本意義，亦即不能使我們了解仁之深遠的意義，豐富的意義。故須二、深一層講。以我這幾年來的體悟，孔子的仁，就是「創造性本身」。孔子在論語中講來講去，對於仁有種種表示。假若我們能綜括起來，善於體會其意義，則他那些話頭只在透露這「創造性本身」。誰能代表這創造性本身？在西方依基督教來說，只有上帝。孔子看仁爲宇宙萬物之最後的本體，它不是附著於某一物上的活動力。這「創造性本身」，後來又說爲「生命之眞幾」。

仁之爲宇宙萬物之本體，首先它不是物質的。而是精神的。從撥開一切，單看仁之本身的意義，在宋明理學家他們都不會有誤解。但後來清朝的譚嗣同在其「仁學」裡，卻把仁講成以太，成爲物理學的概念。這完全是錯誤。其次，此種精神實體要通過兩個觀念來了解：一爲覺，二爲健。覺是從心上講。覺先不必從覺悟說，而須是從心之本身之「悱惻之感」來說。它有道德的意義。從悱惻之感看，覺就是生命不僵化，不黏滯，就是麻木不仁的反面意義。故我們現在從生命之悱惻之感來了解覺。所謂健，即「健行不息」之健，此亦是精神的。這不是自然生命或生物生命之衝動。易經上說：「天行健，君子以自強不息」。詩經上說：「維天之命，於穆不已」。中庸引此語而贊之曰：「此天之所以爲天也」。「天之所以爲天」即天之本質，天之德。儒家的天非天文物理之天，他重天之德。從「蒼蒼者天」，見天之內容，這個天之內容，即天之德，也就是天道也。「維天之命，於穆不已」。即天道運行到那裡，就命令到那裡。故天道運至此，就在此起作用，運至彼即在彼起作用。此「天行之命」是永遠不停止的。縱使我們不覺到，它也在默默地運行。故曰「於穆不已」。「於穆」是深遠的意思。

中庸接著又說：文王之德之純，純亦不已，此文之所以爲文也」。文王的人格與天道一樣，文王的生命與天一樣。這就因爲文王生命之背後，有眞實的本體在起作用，故能不墮落而和天一樣的健行不息，故其德之純亦「不已」。並不是今天如此，明天便不如此。這就表示一個健行不息的眞幾永遠呈現在他的生命中。這句話用來說孔子也可以，因爲孔子也是這樣，所以我們才稱他爲聖人。孔子就由這地方點出生命的眞幾，點出仁的意義。故我說：仁就是「創造性本身」。有誰能永遠呈現這「創造性本身」呢？孔子稱「顏淵三月不違仁」，此可見「不違仁」之難了。你有時好像可以三年不動心，一直在那裡用功讀書，這不是比顏子還要好嗎？其實這不算數。因爲你用功讀書，由於外面有個引力在吸引你用功。一旦那引力消失了，恐怕你就不會再用功讀書了。而「不違仁」的工夫，是要通過一個人的自覺的，自己要時時自覺不歇的在做成德的工夫。此談何容易。

通過仁來了解性就容易了。此性不是時下一般所說的人性（Human nature）。孔孟所講的性，不指生物本能、生理結構以及心理情緒所顯的那個性講，因爲此種性是由個體的結構而顯的。孔孟之性是從了解仁那個意思而說。所謂「性與天道」之性，即從仁之爲「創造性本身」來了解其本義。人即以此「創造性本身」爲他的性。這是人之最獨特處。爲人之性即爲人之本體。它爲你的本體，我的本體，亦爲宇宙萬物的本體。只有人可以拿這創造性本身作他的性，而動物就只能以本能來作牠的性。更不必講瓦石了。瓦石之性就是其個體之結構。儒家叫人盡性，不盡性就下墮而爲禽獸。「盡性」即充分實現此創造性之意。這創造性本身落在人處，爲人之性。若從宇宙大化流行那裡看，就是天道。性是主觀地講，天道是客觀地講，此由仁那個觀念而確定。此兩面皆爲仁所涵，貫通起來是一個觀念。但創造性本身，就是生命的眞幾。我們講恢復性，即恢復創造性本身。如何恢復呢？此就是孔子只是要人踐仁成仁者，在孟子則要人盡性，盡性就是盡仁。盡性盡仁即可知天。此兩點，即爲孔孟立教之中心。

四、儒教何以未成爲普通宗教的形式

現在我們要問，儒教何以未成爲基督教形態，或普通宗教的形式呢？儒家講天道，天道是創造性本身，而上帝也是創造性本身。如果把天道加以位格化，不就是上帝，不就是人格神嗎？儒家的創造性本身，從人講爲仁、爲性，從天地萬物處講爲天道。人格神意義的上帝或天，在中國並非沒有。詩書中就常有「皇皇上帝」、「對越上帝」、「上帝鑒汝，勿貳爾心」之語。孔孟雖講性與天道，但亦有上帝意義的「天」。如「知我者其天乎」？「獲罪於天，無所禱也」。「天之將喪斯文也，後死者不得與於斯文也。天之未喪斯文也，匡人其如予何」！都表示一個有意志的天。從情方面講是上帝，從理方面講是天道。既從情方面講是上帝，則主觀方面呼求之情亦並非沒有。如司馬遷也說「人窮則反本」，「未嘗不呼天也，未嘗不呼父母也」。此不但普通人有，即聖人也有。不但古人有，即今人也有。此呼求之情即類乎祈禱。

在主觀方面有呼求之情，在客觀方面天道就轉爲人格神、上帝。但儒家並沒有把意識全幅貫注在客觀的天道之轉爲上帝上，使其形式地站立起來，由之而展開其教義。在主觀方面也沒有把呼求之情使其形式地站立起來。如使其形式地站立起來，即成爲祈禱。此兩方面在儒家並非沒有，他只是把它輕鬆了。因爲儒家的中心點不落在這裡，其重點亦不落在這裡。而這種呼求之情是每一民族、每一個人都有的。但基督教最彰顯此點。所以基督教乃原始宗教精神保留得最徹底的宗教。儒家呼求之情未轉爲宗教儀式之祈禱，故客觀方面上帝之觀念也不凸出。它的重點並未落在上帝與祈禱上。

五、儒教的重點與中心點落在那裡

然則儒家的重點落在那裡？曰：它是落在人「如何」體現天道上。儒家不從上帝那裡說，說上帝的意旨怎樣怎樣。而是從如何體現上帝意旨，或神的意旨，或體現天道上說。在此如何體現天道上，即有我們常說的重「主觀性」之意義。開出主觀性，則上下可通氣。即主觀性與客觀性打通，而以道德實踐爲中心。儒教是眞能正視道德意識的。視人生爲一成德之過程，其終極目的在成聖成賢。所以其教義不由以神爲中心而展開。而乃由如何體現天道以成德上而展開。自孔子講仁，孟子講盡心，中庸大學講愼獨、明明德起，下屆程朱講涵養察識、陽明講致良知、直至劉蕺山講誠意，都是就這如何體現天道以成德上展開其教義。這成德的過程是無限的。故那客觀的上帝以及主觀的呼求之情乃全部吸收於如何體現天道上，而蘊藏於成德過程之無限中。這裡儘有其無限的莊嚴與嚴肅。

一般人常說基督教以神爲本，儒家以人爲本。這是不中肯的。儒家並不以現實有限的人爲本，而隔絕了天。他是重如何通過人的覺悟而體現天道。人通過覺悟而體現天道，是盡人之性。因人以創造性本身做爲本體，故盡性就可知天。此即孟子所說：「盡其心者，知其性也，知其性，則知天矣」。這盡性知天的前程是無止境的。它是一直向那超越的天道之最高峰而趨。而同時盡性知天的過程即是成德的過程，要成就一切價值，人文價值世界得以全部被肯定。（這不是普通所說的人文主義）。家國天下盡涵其中，其極爲「仁者與天地萬物爲一體」。羅近溪也說「大人者連屬家國天下而爲一身者也」。人之成德過程只有在連屬家國天下而爲一身，與天地萬物爲一體上，始能充其極而立住其自己。「己欲立而立人，己欲達而達人」。一立一切立，亦只有在「一切立」上，一己始能立，一得救一切得救，亦只有在「一切得救」上，一己始能得救。這不是個人的祈禱得救。這與佛教所說的「有一衆生不成佛，我誓不成佛」，有其同一的飽滿精神。

普通又說儒家比較樂觀，把人的能力看得太高。如人有罪惡，而儒家卻樂觀地說性善，以爲人能克服其罪惡。基督教不那麼樂觀，基督教認爲罪惡沒那麼簡單，人之能力不那麼大，不能克服罪惡，須靠祈禱，求上帝加恩。但上帝加恩否，是上帝的事，不是人所能知的。上帝加不加恩還在上帝本身。關於這點，我們認爲注意人如何體現天道，體現上帝的意旨，並不表示人可克服全部罪惡。罪惡無窮，儘有非人所能意識到者。故體現天道的過程亦無窮，成聖成賢的過程亦無窮。因儒家重體現天道，故重點不落在上帝加恩與個人呼求之情上，故重功夫，在功夫中一步步克服罪惡，一步步消除罪惡。但生命大海中之罪惡無窮，而功夫亦無窮，成聖成賢的過程亦無窮。這其中的艱難，並非不知。故羅近溪云：「眞正仲尼臨終不免歎一口氣」。但不因艱難而不如此作。這是不能推諉的，理當如此的。但原則上理性終可克服罪惡，如上帝可克服撒旦。在基督教，凡上帝所擔負的，在儒教中，即歸於無限過程中無限理性之呈現。所以這不是樂觀與否的問題，乃是理上應當如何的問題。

人力有限，儒家並不是不知道。天道茫茫，天命難測，天意難知，這在孔孟的教義中意識得很清楚。但雖然如此，它還是要說盡性知天，要在盡性中體現天道。所謂「知天」之知也只是消極的意義，而盡性踐仁則是積極的。「知天」只是在盡性踐仁之無限過程中可以遙契天。故中庸云：「肫肫其仁，淵淵其淵，浩浩其天」。並非人的意識可以確定地知之而盡掌握於手中。故孔子「五十而知天命」是極顯超越的意義的。又，所謂體現天道也只是把天道之可以透露於性中、仁中、即道德性中者而體現之，並不是說能把天道的全幅意義或無限的神秘全部體現出來。故中庸云：「及其至也，雖聖人亦有所不知，有所不能」。儘管如此，還是要在盡性踐仁之無限過程中以遙契之並體現之。故孟子曰：「聖人之於天道也、命也、有性焉。君子不謂命也」。

依以上粗略的解析，我們可以說，宗教可自兩方面看：一曰事，二曰理。自事方面看，儒教不是普通所謂宗教，因它不具備普通宗教的儀式。它將宗教儀式轉化而為日常生活軌道中之禮樂。但自理方面看，它有高度的宗教性，而且是極圓成的宗教精神。它是全部以道德意識道德實踐貫注於其中的宗教意識宗教精神。因為它的重點是落在如何體現天道上。

六、儒教如何輕鬆了「啟示」的觀念

還有一點，在當時因時間關係，沒有講及。現在再附識於此。這一點就是關于「啟示」的問題。基督教是上帝啟示的宗教。上帝啟示他自己于自然界，于種種奇蹟，最重要的還是啟示于耶穌，而成爲基督教。這也是以上帝爲中心而展開的教義。依這種說法，耶穌是神而不是人。他是上帝的唯一化身（道成肉身），唯一聖子（獨生子），聖子只有一個。上帝可能有許多化身，但是上帝化身爲誰，這是上帝的旨意，不是人所能決定的。可是依基督教，他們說上帝只化身爲耶穌。他們已很清楚地知道這是上帝的意旨。這個意旨是已經確定了的。至於他們何以知道上帝的意旨只是如此，這是很難說得通的。這點我們且不追問。我們所注意的，是啟示。當然我們也可以視耶穌爲人（當然不是普通的人）。但依基督教，耶穌之人的身分或地位，是偶然的。即，其本質是神，而不是人，因此其爲神的地位是必然的。他是神化身而爲人的樣子，以與世人照面。從其爲人的樣子說，他當然是人。但其本質實是神，他的生命全幅是神性。故云上帝的「化身」。因此，他所以是如此之生命，這是上帝的意旨所決定的，這是上帝所差下來的。這是天啟、天意，並不是由于他的修養工夫而至的。即不說修養工夫，也不是直下肯定他是人，說他是由人而成的。

關於「啟示」的觀念，中國人也並非沒有。論語說孔子是「天縱之將聖」。不要說聖人，就是作皇帝的，他們都說是奉天承運，說是天命所歸。明朝熹宗皇帝的年號就是「天啟」。佛教裡神會和尚有這麼兩句話:「世間不思議事,爲布衣登九五。出世不思議事,爲立地成佛」。布衣登九五,作皇帝,實在是不可思議的事。依佛教,法力不可思議,業力不可思議。布衣登九五實是業力不可思議。但依中國傳統,則說是天。故劉邦自己也說:「此豈非天耶」?作皇帝的都如此,何況是聖人?論語裡固已有孔子是「天縱之聖」之說。孔子自己也說「天生德于予」。兩漢人大都視孔子爲神聖。這也可說是「天啟」了,是上帝的啟示,是上帝的特派。但是中國的傳統精神並沒有把意識全幅貫注在這裡,過分重視此點,以此點爲中心與重心展開其教義。即孔子本人也並未過分誇大其天啟的身分。這點和上面講上帝與祈禱同。

中國的傳統精神,儒教立教的中心與重心是落在「如何體現天道」上。在這如何體現天道上,最重要的是盡性。因此人性問題成了儒教的中心問題。但是我們前面已經講過,孔孟的仁與性實即是「創造性本身」。就孟子「性善」之性說,性實即是「內在的最高道德性」,即冥合「創造性本身」的那道德性。從這裡說,人人皆可以爲聖人,而且人人都是平等的。人的尊嚴由此立。但是事實上究竟並沒有人人皆成爲聖人。在這裡,天啟的意識自然隱伏於其中。可是到後來，從劉劭「人物志」起，這人性問題又開出另一面來。這就是「才性」一面。因此，那「天啟」的觀念轉化而爲「才性」的觀念。天啟的先天與定然，轉化而爲才性的先天與定然。由此轉而爲宋明儒的「氣質之性」。從這裡講，人是不平等的。這兩方面合起來，一方保住了人的尊嚴、平等性與理想性，一方也保住了人的差等性與異質性。這差等性與異質性的根據即在「才性」一面。宋儒的氣質之性，佛教的根器與種性，都從這裡說。聖人當然也有聖人的才資。莊子大宗師篇說：「卜梁倚有聖人之才，而無聖人之道。我有聖人之道，而無聖人之才」。可見「才」也是很重要的，而且是先天的，不是學得來的。這裡雖然也說定而不定，可以變化，但究竟有限。這裡令人有無限的慨嘆與無可奈何。（「才難」的慨嘆也含在這裡面）。故「天啟」的意識不能不油然而生。但也正因才性一面之開出，那「天啟」的意識也較爲輕鬆了。並沒有鄭重嚴肅的像基督教那樣立出「唯一化身」、「獨生子」的教義。一如呼求之情之並未轉爲祈禱。這並不是中國人或儒教樂觀了，把事情看容易了，或把人與天道或上帝間的「緊張」減殺了，退縮了，枯萎了，乃是中心與重心轉了，轉到如何盡性踐仁以體現天道上。全幅緊張藏在這裡面，天啟意識的無限莊嚴也蘊藏在這裡面。

牟宗三先生其他著作目錄 ••

從周易方面研究中國之玄學與道德哲學　二十四年自印本
邏輯典範　三十年商務版
認識心之批判（上下册）　臺灣學生書局
理則學　臺北正中書局
道德的理想主義　臺灣學生書局
歷史哲學　臺灣學生書局
政道與治道　臺灣學生書局
生命的學問　臺北三民書局
名家與荀子　臺灣學生書局
才性與玄理　臺灣學生書局

佛性與般若（上下冊）　臺灣學生書局
心體與性體（三冊）　臺北正中書局
從陸象山到劉蕺山（心體與性體第四冊）　臺灣學生書局
智的直覺與中國哲學　臺北商務印書館
現象與物自身　臺灣學生書局
康德的道德哲學　臺灣學生書局
康德「純粹理性之批判」譯註（上下冊）　臺灣學生書局
中國哲學的特質　臺灣學生書局
中國哲學十九講　臺灣學生書局
牟宗三先生的哲學與著作（七十壽慶論文集）　臺灣學生書局
圓善論　臺灣學生書局
名理論　臺灣學生書局
中西哲學之會通十四講　臺灣學生書局
康德判斷力之批判（上下冊）　臺灣學生書局

國家圖書館出版品預行編目資料

中國哲學的特質

牟宗三著 – 再版. – 臺北市：臺灣學生，民 83 印刷
面；公分 – （新亞研究所叢刊）

ISBN 978-957-15-0141-3 (平裝)

1. 哲學 – 中國 2. 儒家

121.2 79000250

中國哲學的特質（全一冊）

著作者：牟宗三
出版者：臺灣學生書局有限公司
發行人：楊雲龍
發行所：臺灣學生書局有限公司
臺北市和平東路一段七五巷一一號
郵政劃撥戶：〇〇〇二四六六八號
電話：（〇二）二三九二八一八五
傳真：（〇二）二三九二八一〇五
E-mail: student.book@msa.hinet.net
http://www.studentbooks.com.tw

本書局登記證字號：行政院新聞局局版北市業字第玖捌壹號

印刷所：長欣印刷企業社
中和市永和路三六三巷四二號
電話：（〇二）二二二六八八五三

定價：新臺幣一六〇元

一九六三年六月初版
一九七四年八月再版
二〇一五年十月再版十一刷

ISBN 978-957-15-0141-3 (平裝)